Erich Pernice, Archäologishe Gesellschaft zu Berlin

Griechisches Pferdegeschirr im Antiquarium der königlichen Museen

Erich Pernice, Archäologishe Gesellschaft zu Berlin

Griechisches Pferdegeschirr im Antiquarium der königlichen Museen

ISBN/EAN: 9783743315587

Hergestellt in Europa, USA, Kanada, Australien, Japan

Cover: Foto ©ninafisch / pixelio.de

Manufactured and distributed by brebook publishing software (www.brebook.com)

Erich Pernice, Archäologishe Gesellschaft zu Berlin

Griechisches Pferdegeschirr im Antiquarium der königlichen Museen

GRIECHISCHES PFERDEGESCHIRR

IM ANTIQUARIUM DER KÖNIGLICHEN MUSEEN

SECHSUNDFÜNFZIGSTES PROGRAMM
ZUM WINCKELMANNSFESTE
DER ARCHAEOLOGISCHEN GESELLSCHAFT ZU BERLIN

VON

ERICH PERNICE

MIT TAFELN UND 2 ABBILDUNGEN IM TEXT

BERLIN
DRUCK UND VERLAG VON GEORG REIMER
1896

Κέντρα διωξικέλευθα φιλορρώθωνά τε χημὸν
τόν τε περὶ στέρνοις κόσμον ὀδοντοφόρον
οἰσυίνην παρὰ ῥάβδον ἐπὶ προθύροισι, Πόσειδον,
ἄνθετό σοι νίκης Χάρμος ἀπ' Ἰσθμιάδος,
καὶ ψήκτρην ἵππων ἐρυσίτριχα τήν τ' ἐπὶ νώτων
μάστιγα, ῥοίζου μητέρα θαρσαλέην.
ἀλλὰ σύ, Κυανοχαῖτα, δέχευ τάδε· τὸν δὲ Λυκίνου
υἷα καὶ εἰς μεγάλην στέψον Ὀλυμπιάδα.

Kostbares Pferdegeschirr pflegte im Altertum dem Poseidon von dem glücklichen Sieger bei den isthmischen Spielen geweiht zu werden. Alles was zur Zucht und Pflege des Pferdes diente und allen Schmuck, den es in dem grossen Augenblick des Siegeslaufs an sich getragen hatte, legte er am Altar des Gottes nieder. Als die Athener ihr Heil in den Schiffen suchen mussten, brachte Kimon vor aller Augen der Athena auf der Burg einen Pferdezaum als Weihgabe dar; er wollte damit sagen, dass es der Reiterei jetzt nicht bedürfe. Aber der Athena Hippia hat man auch sonst Pferdegeschirr geschenkt: die älteste griechische Trense, welche aus dem Perserschutt am Parthenon wieder an das Tageslicht gekommen ist, hat schwerlich jemand anderem gehört, als ihr. Was uns Olympia von Resten altertümlichen Zaumzeuges erhalten hat, was in Dodona aufgefunden worden ist, darf nicht anders denn als Weihgabe erklärt werden.

Die Liebe und Lust am Reiten, die Freude an ritterlicher Tüchtigkeit und vornehmem Sport sind die alten Künstler nicht müde geworden immer wieder zu schildern. In dem Parthenonfries ist der Blüte der attischen Jugend ein einziges Denkmal gesetzt worden. In liebevollem Eingehen auf die Eigenart des Pferdes, in lebhaftester Bewunderung für die Kraft und die Anmut seiner Bewegungen lässt der Künstler die attische

Reiterei vor unseren Augen vorüberziehen, wie sie in buntestem Wechsel der Gangarten dahinreitend den Glanzpunkt des Festzuges bildet — οὕτω δὲ καὶ ἔστιν ὁ μετεωρίζων ἑαυτὸν ἵππος σφόδρα ἢ καλὸν ἢ θαυμαστὸν ἢ ἀγαστόν, ὡς πάντων τῶν ὁρώντων καὶ νέων καὶ γεραιτέρων τὰ ὄμματα κατέχει, 'und ein solches Pferd, das sich hebt, ist so schön, so bewundernswert und so herrlich, dass es aller Augen von Jung und Alt festhält', hat Xenophon gewiss ganz aus des Künstlers Seele heraus gesagt. Aber selbst kleine und fast nebensächliche Beobachtungen uns mitzuteilen hält er nicht für überflüssig; wie das Pferd den schönen Hals tief herabbeugt, wie ein anderes sich sträubt, während ihm das Zaumzeug angelegt wird — diese und andere einzelne geringe Züge fesseln ihn in gleicher Weise wie der prachtvolle Anblick des Tieres, das froh seiner Kraft im Galopp dahinsprengt. Der Meister des Parthenonfrieses empfindet in dieser Bewunderung und Freude durchaus mit seinen Zeitgenossen und Voreltern. Es ist auffallend, welch grosse Rolle das Pferd in den Malereien der attischen Vasen spielt, wie sie von Anfang an erfüllt sind mit Darstellungen von Begebenheiten, die den Reiter und sein Ross, den Wagenlenker und sein Viergespann zum Gegenstande haben. Wenn man die schönklingenden Namen liest, die den Pferden beigeschrieben werden, wenn man sieht, mit welchem Vergnügen die verschiedenartigen Lebensäusserungen des Tieres beobachtet und verfolgt, mit welcher Liebe die mannigfachsten Eigenschaften an ihm charakterisirt werden, wie beispielsweise hier der weissen Farbe, dort dem Schecken, anderswo dem Rappen der Vorzug gegeben wird, so gewinnt man den richtigen Eindruck von dem nahen Verhältnis, in welchem damals der Herr zu diesem vornehmsten Haustier gestanden hat, man begreift es, wenn es ihm auch in den Tod folgen musste. An dem Scheiterhaufen des Patroklos werden vier seiner Pferde zugleich mit zwei Lieblingshunden geschlachtet. Kimon, der Sohn des Stesagoras, lag, wie Herodot erzählt, in Koile vor der Stadt begraben, seinem Grabe gegenüber aber wurde ein Grab aufgerichtet für die Pferde, mit denen er dreimal bei den olympischen Spielen gesiegt hatte. Dem tapferen Reiter, dem man Helm, Schild und alle anderen Waffen in das Grab legte, gab man auch das Geschirr des Kriegsrosses mit, das zu ihm gehörte und das man am Grabe geschlachtet hatte. Das lässt sich an so vielen Grabstätten verfolgen. Die reichen Gräber des fünften und vierten Jahrhunderts in Südrussland haben überaus viel Pferdegerät enthalten. Dort waren meist neben dem eigentlichen Grabe Gruben für die Reittiere angelegt, in deren einer mehr als sechs Pferdeskelette mit allem Schmuck gefunden worden sind; aber auch dem Toten selbst hat man das Zaumzeug mitgegeben. In den Kriegergräbern Italiens ist die Pferdetrense und der Pferdeschmuck die ständige Beigabe. Und wer im Altertum sein Pferd nicht zu kriegerischer Thätigkeit gebrauchte, wer sich Pferde zum Sport hielt, dem war es gewiss ein angenehmer Gedanke, sich im Tode von denjenigen Dingen umgeben zu wissen, denen er im Leben seine beste Zeit gewidmet hatte[1]).

Ob der Besitzer des Pferdegeschirrs, dessen Erläuterung in dieser Festschrift gegeben werden soll, Krieger oder Liebhaber war, lässt sich nicht sagen; so viel ist jedoch gewiss, dass er auf Eleganz und Vornehmheit besonderen Wert gelegt hat. Alles soll in ein und demselben böotischen Grabe gefunden sein, ein Maulkorb, zwei Trensen und verschiedentliche kleinere Gerätstücke. Diese Angabe, die an sich unverdächtig ist, wird durch den Erhaltungszustand zwar nicht erwiesen, aber wahrscheinlich gemacht: eine prachtvolle, glänzend grüne Patina bedeckt alle Teile, je nach ihrer Lage im Grabe bald dichter, bald weniger stark, aber doch im Ganzen so gleichartig, dass an ihrer Zusammengehörigkeit kaum zu zweifeln ist.

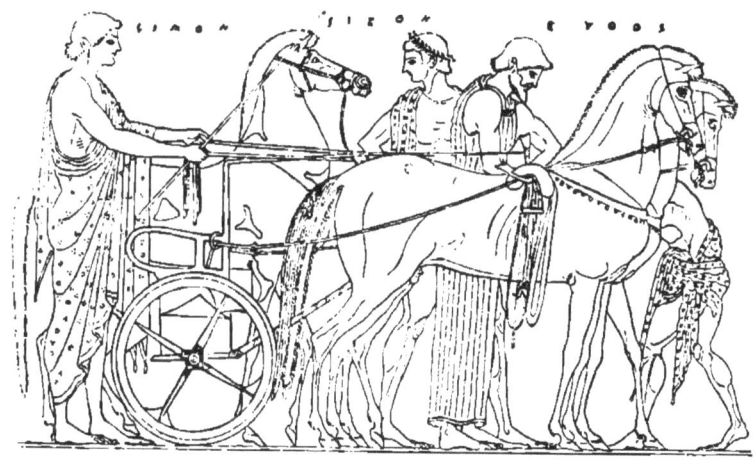

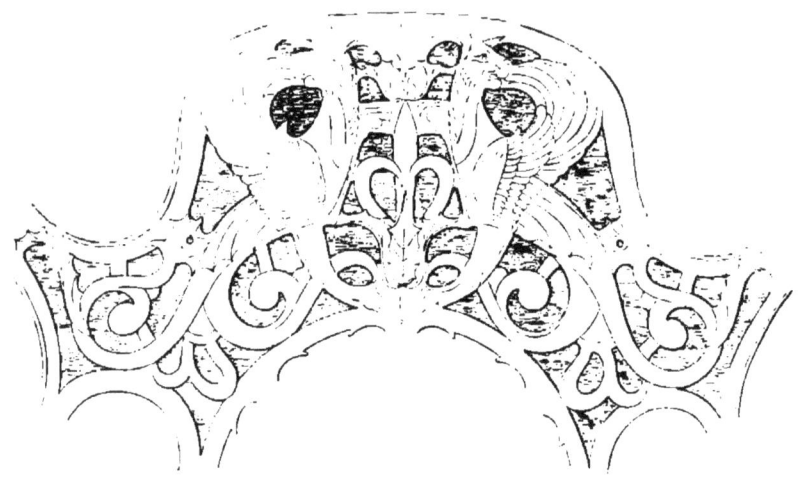

1.

Der Maulkorb, welcher auf Tafel I in ⅟₃ seiner Grösse abgebildet ist*), gehört zu dem Besten, was uns aus Griechenland von dekorativer Bronzearbeit überhaupt erhalten ist, er ist ebenso vollkommen in künstlerischer Ausgestaltung, wie zu praktischem Gebrauch geeignet. Man erkennt deutlich, dass er nicht für den Grabgebrauch besonders hergestellt war, sondern wirklich seinen Zweck zu Lebzeiten des Besitzers erfüllt hat. Denn die Ringe für die Riemen, welche ihn festhalten sollten, haben die Oesen, in welchen sie hängen, mehr als zur Hälfte durchgescheuert.

Jede breitere Fläche, die sich bot, ist verwertet worden. Den runden Abschluss des längs der Nase laufenden Mittelbügels ziert eine besonders aufgesetzte hohle, inwendig mit Blei gefütterte Rosette, auch der Bügel war zweifellos mit eingeritzten Ornamenten bedeckt, aber jetzt liegt auf ihm jene dichte Patina, die alles hinweggenommen hat, was ehemals da war. Der Querbügel dagegen (S. 8) hat seinen Schmuck in voller Frische bewahrt. Von einer Blüte ausgehend fliessen Wellenlinien nach beiden Seiten hinab.

Für die Formgebung des eigentlichen Korbes musste zunächst der Gesichtspunkt massgebend sein, dass das Gerät brauchbar wurde. Aus dieser Forderung erklären sich in erster Linie die beiden grossen eigentümlich gestalteten Löcher, welche unmittelbar auf die Dreiteilung des Mittelbügels folgen. Sie entsprechen den Nüstern des Pferdes genau und sind natürlich hier angebracht, weil die Nüstern des Pferdes, wenn ihm der Maulkorb angelegt war, gerade an dieser Stelle lagen. Das ohnehin gequälte Tier sollte wenigstens an der freien Atmung nicht behindert werden; überhaupt, je näher den Atmungsorganen, desto grösser sind die durchbrochenen Stellen; das radartige Mittelstück mit den weiten Oeffnungen liegt gerade vor dem Maule. Aber an dem unteren Teil, wo der praktische Zweck solche Forderungen nicht stellte, durfte sich der Künstler sich selbst überlassen, und es ist bewunderungswürdig, mit welcher spielenden Leichtigkeit er hier seine Aufgabe gelöst hat; wir empfinden es gar nicht, dass der Raum, dem er die Ornamente anbequemen musste, bestimmt begrenzt war, so selbstverständlich und natürlich fügt sich alles in ihm zusammen. Zwei geflügelte Löwen mit grossen Hörnern sind einander gegenübergesetzt; wie auf den al‑

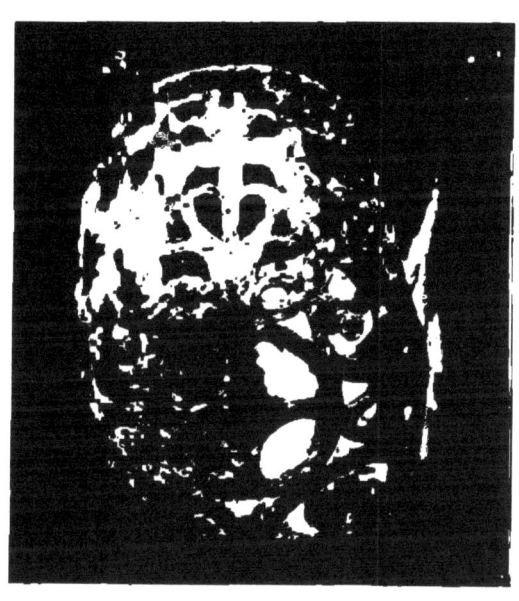

ten Bildern drehen sie den Kopf zurück und erheben die eine Tatze, aber im Gegensatz zu diesen ist hier nur der Vorderleib tierisch gestaltet. Gleich hinter den Flügeln löst sich der Tierleib in leichte spielende Ranken, Blüten und Blätter auf, welche mit unübertrefflichem Geschick in den ungleichmässigen Rahmen hineingesetzt sind. Mit besonderem Glück sind die Stege, welche die freistehenden Teile verbinden mussten, um sie vor dem Abbrechen zu bewahren, so gut wie ganz vermieden, meist ist es ein Blütenteil, ein Blatt, welches diese Verbindung in unauffälliger Weise herstellt. Zwischen den Tieren wächst aus einem tiefen Akanthoskelch frisch und kräftig eine Pflanze auf unter lebendigem reizvollem Wechsel von Blumen und Blättern, die sich hier nach den Seiten ausbreiten, dort nach der Mitte zusammenneigen. Ueberall, wo unter dem Zwange der Technik die Einzelheiten nicht recht zum Ausdruck gebracht werden konnten, ist durch

Ritzung nachgeholfen worden. Die Hörner der beiden Löwen, Augen, Rachen und Zunge, ihre Mähne, die Federn an den Flügeln und die eigentümliche blattartige Rückendecke, die in einem zackigen Wirbel endet, endlich auch die Tatzen sind auf diese Weise deutlich gemacht, ebenso an den Blüten, Knospen und Blättern die Innenzeichnung, überhaupt alle feineren Details.

Die so charakteristische Formgebung des ganzen dekorativen Teils, wie sie die Abbildung S. 6 veranschaulicht, muss der Ausgangspunkt für die zeitliche Bestimmung des Maulkorbs sein. Der erste Eindruck, den man bei der Betrachtung des Originals hat, ist der einer gewissen Strenge. Dieser Eindruck mag zum grossen Teil in der eigentümlichen Technik beruhen, welche alle Umrisse schärfer und bestimmter, alle Formen fester und straffer erscheinen lässt, aber er ist richtig und lässt sich näher begründen. Freilich von einem wirklichen Archaismus kann nicht die Rede sein. Wo die archaische Kunst Tiere dekorativ verwendet, hält sie an dem tierischen Charakter fest; sie bildet phantastische Formen, kann es aber nicht über sich gewinnen, sich in solcher Weise von der wirklichen Natur zu entfernen, wie es hier geschehen ist. Charakteristisch ist auch die Art, wie die archaische Kunst an allen möglichen Geräten wie Dreifüssen, Kesseln, Henkeln von Gefässen, Tischen u. s. w. Tiere und Teile von Tieren als Schmuck verwendet. Hier war am ersten die Gelegenheit geboten, diesen Schmuck mit dem Gerät, das er verzierte, so zu verschmelzen, dass er zum blossen Ornament wurde. Das ist nicht geschehen, die Tiere sollen vielmehr stets als besondere künstlerische Zutat wirken und verstanden werden, sie hören plötzlich und unvermittelt auf, ohne in dem Ganzen aufzugehen. Die höchste Ausbildung und die äussersten Consequenzen der veränderten Auffassung dagegen, wie sie uns an dem Maulkorb entgegentritt, sehen wir in der pompeianischen Malerei, besonders in den vornehmen Wänden des sogenannten zweiten und dritten Stils gezogen, sie ist auch den Erzeugnissen des damaligen Kunsthandwerks ganz geläufig; es genügt, dafür die Wände der Farnesina und die Silberkanne von Boscoreale mit der stieropfernden Nike anzuführen, oder den grossen Krater vom Hildesheimer Silberfund. Hier ist das Tier völlig zum Ornament geworden, es wird beliebig, wie jedes andere Ornament gebraucht. Von einer solchen Freiheit aber ist das Bild des Maulkorbs noch weit entfernt und mit diesen Beispielen verglichen macht es wirklich einen altertümlichen Eindruck: es kann daher nicht an das Ende, es muss an den Anfang einer Kunstrichtung gehören, welche ihr Gefallen darin findet, die echten wilden Tiere der Vorfahren, welche, wo sie auch dekorativ verwendet werden, doch immer selbständig sind und Tiere bleiben, in spielender anmutiger Weise zunächst in das Ornament hineinzuziehen und schliesslich ganz zum Ornament umzuwandeln. Das hat um die Wende des fünften Jahrhunderts begonnen.

Das älteste Beispiel dieser Richtung ist vielleicht das griechische Capitell von San Pietro in Grado bei Pisa, abgebildet in der Gazette archéologique 1877 Taf. 10 von E. de Chanot, welcher seine Entstehung richtig bezeichnet als '*plus rapproché de date de l'Érechthéion que des temples d'Éphèse ou des Branchides*'. In schüchterner, andeutender Weise sind die Flügel und die Locken der Doppelsphinx zu Spiralen aufgerollt und die Schwänze als Voluten in die Palmetten zu beiden Seiten aufgelöst. Wichtiger für uns und solchem Versuch gegenüber weit vorgeschritten ist der nebenstehend abgebildete, 1836 im Parthenon gefundene Marmorsessel, dem das unverdiente Glück zu Teil geworden ist, als ein Werk des Kallimachos, wenigstens seines Ateliers ausgegeben worden zu sein, und von dem das Berliner Museum eine gute Replik besitzt[2]). Er muss in der ersten Hälfte des vierten Jahrhunderts entstanden sein; in dem fragmentirten Archontennamen, welcher an seinem Rande eingehauen ist, ist statt ου noch ο geschrieben. In der Mitte erscheint eine aufrechte Mannesgestalt, die von der Hüfte ab in Ranken, Palmetten und Voluten übergeht; zu beiden Seiten sitzt ein geflügelter gehörnter Löwe. Die Aehnlichkeit dieser Löwen mit den Tieren an dem Maulkorb ist, von den selbstverständ-

lichen, durch die Natur des Materials bedingten Verschiedenheiten abgesehen, so gross, die Auflösung des Tierleibs in die Volute so übereinstimmend, dass an der Gleichzeitigkeit beider Stücke ein Zweifel kaum bestehen kann.

Wir würden also damit in die erste Hälfte des vierten Jahrhunderts kommen und diese ungefähre Zeitbestimmung wird nun auch durch eine Betrachtung der Pflanze in der Mitte und der Akanthosblätter und Palmetten zwischen den Ranken nahegelegt. Leider sind auch hierbei die meisten in Erwägung kommenden Monumente einer vergleichenden Untersuchung ungünstig, weil ihr Material ein verschiedenes ist. Es wird daher nicht nur die Formengebung im Einzelnen, sondern zugleich die Uebereinstimmung in der Gesammtauffassung das Entscheidende sein. Ohne Bedenken können wir die unteritalischen Vasen unberücksichtigt lassen. Die prachtvoll üppigen Verzierungen der Schultern apulischer Amphoren mit dem Kopf oder den Figuren in der Mitte, die wie von einem wilden Schlinggewächs von Akanthosblättern, Ranken und Blumen umsponnen werden, sind von der schlichten Einfachheit der Bronze weit entfernt. Anders ist es aber mit den feinen Goldschmuckaryballen, den letzten zierlichen Ausläufern der attischen Vasenmalerei. In dem hierneben abgebildeten Henkelschmuck eines solchen⁴) glaube ich eine

nahe Verwandtschaft zu erkennen. Das kräftig aus dem Boden aufwachsende Mittelstück mit dem langen spitzen Blatt, das bei anderen Beispielen (Berlin 2705)⁵) deutlich von Akanthosblättern begleitet ist, besonders aber die frei sich ausbreitenden Ranken mit der einfachen Palmette in den Zwickeln und dem in dieser Zeit üblichen dreiteiligen Abschluss sind sehr ähnlich. Ist dieser Eindruck richtig, müssen wir sogar ziemlich hoch in die erste Hälfte des vierten Jahrhunderts hinaufgehen. Das verlangt auch eine Vergleichung mit der dekorativen Marmorskulptur. Die in der Erfindung so wunderbar reichen Architekturstücke des didymäischen Tempels⁶) stehen ihrer Entwickelung nach auf derselben Stufe wie die Schulterbilder der unteritalischen Vasen und kommen daher für unseren Zweck nicht in Frage. Ebensowenig wird man in den Bekrönungen der jüngeren attischen Grabstelen nahe Beziehungen auffinden können. Alles führt auf ältere Denkmäler und hier möge statt vieler Beispiele eines, die Bekrönung von dem Grabmal der im korinthischen Kriege Gefallenen vom Jahre 394 verglichen werden: wie an die Volute zunächst das kräftige Akanthosblatt ansetzt, das hier als Kern für die Mittelpalmette dient, wie sich dann von ihr das feingeschwungene Blatt loslöst, wie weiter rechts und links von dem Hauptornament aus tiefem Akanthoskelch eine dreiblättrige Blume herauswächst — solche Aehnlichkeiten können schwerlich auf Zufall beruhen.

Durchbrochene Bronzearbeiten, wie der Maulkorb, sind dem Vorhandenen nach zu urteilen, in Griechenland ziemlich selten. Besonders beliebt sind sie dagegen in der Krim gewesen, wie die Gräberfunde zeigen. Aus diesen lassen sich überhaupt mancherlei Analogien auch für die Formengebung anführen. Die schöne Vase von Nikopol (Compte-rendu

1864 Taf. 1—3) zum Beispiel, die doch wohl im Anfange des vierten Jahrhunderts
entstanden sein wird, darf man in mehr denn in einem Punkte als der neuen Bronze sehr
nahe stehend bezeichnen. Für die Technik ist das charakteristischeste Stück der hierunter
abgebildete goldene Helm'). Er ist mit einer attischen Preisamphora späten Stils
zusammen gefunden worden und ist somit spä-
testens Ende des vierten Jahrhunderts entstanden. Aber er kann leicht älter sein, ein
Prachtstück, das sein Besitzer lange Zeit zu seinen Lebzeiten getragen hat. Die Arbeit ist ähnlich, nur weniger erfindungsreich; in derselben
diskreten Weise sind die Spitzen der Mittelblüte
an das Blatt, das sich von der Volute loslöst,
angelehnt. Blüte und Voluten entspringen aus
einem geritzten Akanthoskelch, und gerade seine
Stilisirung erinnert so lebhaft an den Akanthos
des Maulkorbes, dass eine grössere zeitliche Tren-
nung beider Monumente nicht rätlich erscheint.

Der Maulkorb ist nicht das einzige Monument dieser Art, was uns aus dem Altertum
erhalten ist, aber weitaus das schönste, und dürfen wir hinzufügen, zugleich für den Gebrauch
in besonderem Maasse geeignet. Man vergleiche nur das
nebenstehend abgebildete Exemplar des Louvre, um den
Unterschied zu erkennen²). Der tiefe Korb selbst ist hier
fast ganz geschlossen; nur einige wenige herzförmige Aus-
schnitte gewähren dem eingeschlossenen Tier ein mühe-
volles Atmen. Künstlerischer Schmuck fehlt so gut wie
ganz, abgesehen von dem mittleren auf der Nase liegenden Teil, der durch Ornamente, die wie Amazonenschild-
chen aussehen, und Voluten etwas reicher gestaltet ist.
Nahe verwandt sind zwei Stücke im Brittischen Museum³),
beide angeblich aus Ruvo und der eine in ungenügender Abbildung durch Smith, *Dictionary of greek and roman anti-
quities* I. S. 358 bekannt gemacht. Sie haben mit dem anderen die ungeeignete Einteilung des eigentlichen Korbes

gemeinsam ebenso wie die sorgfältigere Ausführung des mittleren Bügels und die Einrichtung für die Befestigung am Kopf des Pferdes. Diese drei gleichartigen Stücke geben demnach offenbar eine zu einer gewissen Zeit besonders beliebte und gebräuchliche Form wieder.
Welche Zeit das ist, ist nicht leicht zu sagen; aber wenn die beiden letzten wirklich

2*

aus Ruvo sind, dürfen sie vielleicht in das vierte bis dritte Jahrhundert v. Chr. gesetzt werden.

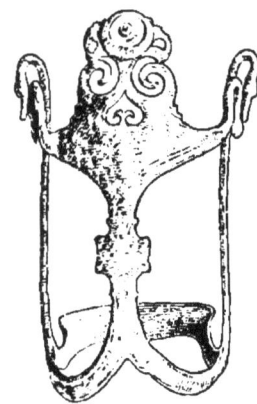

Ganz anders sieht der beistehend abgebildete [19]) Maulkorb des Neapeler Museums aus, der aus Pompei stammt. Das verzierte Nasenstück verrät deutlich griechischen Geschmack und erinnert lebhaft an die anderen Maulkörbe, namentlich in der Art, wie der geschwungene untere Rand, der zu den seitlichen an der Wange entlang laufenden Teilen hinüberführt, dem Schnitt des Auges, über welchem er gelegen ist, folgt. Der Korb fehlt aber eigentlich so gut wie ganz. Er ist nicht vielmehr als ein Ring, der um das Maul gelegt ist, der das Pferd zwar nicht beissen lässt, ihm aber völlige Bewegungsfreiheit ermöglicht, die mildeste Form, die ohne jede Quälerei ihren Zweck erreicht.

Aber ein Stück ist doch erhalten, das in der künstlerisch durchdachten Gesammtauffassung der neuen Erwerbung des Antiquariums ganz ähnlich ist, an welchem der Wunsch deutlich wird, mit ähnlichen Mitteln die praktische

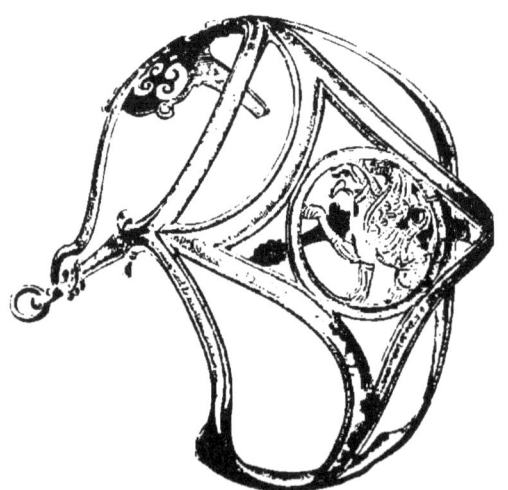

Brauchbarkeit und die geschmackvolle Ausführung mit einander zu verbinden, jedoch ohne dass die schwierige Aufgabe in gleich glücklicher Weise gelöst wird. Es gehört dem Brittischen Museum. Die beiden Abbildungen ersparen eine ausführliche Beschreibung.

In dem leichten Aufbau des Ganzen und in der feinen lebendigen Gliederung des mittleren Teiles vermag man noch eine letzte Erinnerung an griechische Vorbilder zu spüren, aber wo der Künstler ausführlicher wird, verrät er, dass er eher dem vierten nachchristlichen als vorchristlichen Jahrhundert angehört. Die beiden Adlerköpfe an der Spitze, die ehemals mit Email bedeckt waren, das an den Augen sogar noch erhalten ist, die dazwischen gelegte, einst vergoldete Rosette, der runde Teil mit dem geflügelten charakteristisch stilisirten Greifen, der seine Tatze erhebt — alles das erscheint spät und unantik; aber es ist hübsch, wie das jüngste Stück am nächsten an das älteste anknüpft und die Kette schliesst[11]).

Es ist nun überraschend, wie diese bronzenen Maulkörbe in ihrer Form von denen abweichen, die uns sonst aus der bildlichen Ueberlieferung bekannt sind, und man gewinnt dabei durchaus den Eindruck, dass Bronze nicht das übliche Material dafür und eine reichlichere Ausstattung nicht die Gewohnheit war. Nur vornehme Leute, die Luxuspferde halten konnten, haben, wie heute, auch das Geschirr kostbarer herstellen lassen. Dabei ist allerdings zu bedenken, dass die Bilder nicht über den Anfang des fünften Jahrhunderts v. Chr. herabgehen. Die altattische Vasenmalerei ist es, die bei ihrer ausgesprochenen Vorliebe für das Leben und Treiben in den Strassen, auf dem Markte, in den Schulen Athens, das sie mit unübertroffener

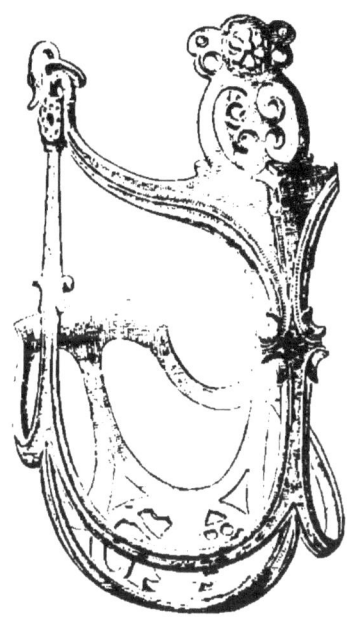

Lebendigkeit auffasst, uns auch für so nebensächliche Dinge reichlich Auskunft giebt. Diese Lust an der frischen Wiedergabe eines augenblicklichen Eindrucks beginnt schon in der attischen Vasenmalerei allmählich abzunehmen; wir werden aber vergeblich nach ähnlichen Dingen in den glänzenden Erzeugnissen der unteritalischen Töpferwerkstätten suchen. Das gesteigerte Pathos, das den Grundzug dieser Monumentengattung bildet, verlangt nach anderen Vorwürfen und kann sich mit der Darstellung von kleinen intimeren Vorgängen aller Art, wie man sie im Leben beobachtet, nicht befassen. Eine Uebersicht über die attischen Vasen darf aber auch deswegen nicht erspart bleiben, weil sie deutlich zeigt, zu welchen Gelegenheiten man dem Pferde den Maulkorb anzulegen pflegte[12]).

Sieben schwarzfigurige Gefässe schildern uns die Anschirrung eines Wagens:
1) Hydria aus Vulci. Berlin 1897. Abgeb. Gerhard, Auserlesene Vasenbilder Taf. 249, Baumeister, Denkmäler S. 2081 Fig. 2319. Vgl. oben S. 5. Nur das Pferd, welches herangeführt wird, trägt ausser dem Halfter einen Maulkorb, der durch einen besonderen Riemen festgehalten wird; er scheint aus Leder geflochten zu sein[13]).

2) Hydria aus Etrurien. Aufbewahrungsort unbekannt. Abgeb. Archäol. Jahrb. 1889 Taf. 10. Vgl. S. 264 (daselbst die übrige Litteratur). Zwei Pferde sind angespannt,

zwei werden herangeführt. Letztere beiden haben Maulkörbe. Wie diese befestigt sind, ist nicht deutlich, aber sie scheinen nicht wie der vorige von Leder zu sein, sondern sehen ähnlich der untenstehenden Abbildung wie aus biegsamen Ruten geflochten aus.

3) Amphora im Ashmolean Museum zu Oxford n. 212. Abgeb. Catal. of the greek vases in the Ashmolean Museum Taf. 2. Zwei Pferde sind angespannt, zwei andere werden herangeführt, das eine trägt einen Maulkorb an besonderem Bande, das hinter den Ohren am Halse liegt; ob er von Leder hergestellt oder aus Ruten geflochten ist, lässt sich nicht beurteilen; das zweite Pferd ist an der entscheidenden Stelle zerstört.

4) Vase in Bologna. Abgeb. Archäol. Jahrbuch 1890 Anzeiger S. 29 nach Brizio, *Sulla nuova situla di bronzo figurata trovata in Bologna* Taf. 4—5. Zwei Pferde sind angespannt, zwei werden herangeführt. Von diesen trägt das vordere einen Maulkorb, der an einem Riemen hinter dem Ohr befestigt ist.

5) Lekythos aus Griechenland, Berlin 3260. Athena auf einen Wagen stehend. Herakles führt zwei munter springende Pferde mit Maulkörben an den Wagen heran, an dem bereits zwei Pferde angeschirrt stehen. Die Maulkörbe sind durch Kreuzstriche angedeutet.

6) Lekythos in Syrakus. Abgeb. Benndorf, Griechische und sicilische Vasenbilder Taf. 52, 2. Zwei Pferde sind angeschirrt, ein drittes wird herangeführt; es trägt einen Maulkorb an besonderem Riemen; eine nähere Bestimmung des Materials lässt die flüchtige Zeichnung nicht zu.

7) Amphora. Abgeb. Collection Dutuit Taf. 15. Zwei Pferde sind angeschirrt, ein drittes sehr unruhiges Tier mit Maulkorb wird herangeführt.

Zweimal sehen wir, wie Bewaffnete ihre Tiere neben sich herführen:

Rotfigurige Amphora in Brescia. Abgeb. Gerhard, Etruskische und Campanische Vasenbilder Taf. D2. Vgl. Heydemann, Mitteilungen aus den Antikensammlungen in Ober- und Mittelitalien S. 29,2. Die Köpfe der Pferde sind hier abgebildet. Hier machen die

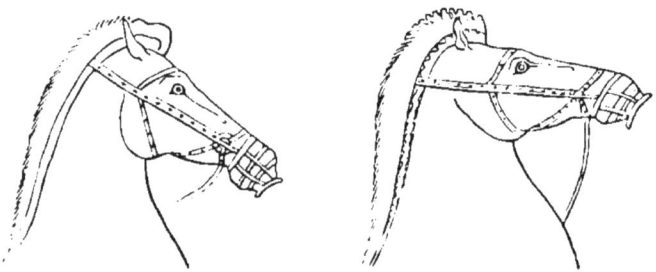

Maulkörbe, welche die Pferde an besonderem Riemen ausser dem Stallhalfter tragen, durchaus den Eindruck, als seien sie von Weidenruten geflochten. So erklärte auch Saglio bei

Daremberg-Saglio S. 897 '*faite de brins d'osier entrelacés*.' Namentlich der untere Abschluss ist dafür charakteristisch; das Gerät erinnert lebhaft an geflochtene Körbchen. Schale des Hischylos in München 1160. Vgl. Klein, Vasen mit Meistersignaturen S. 99 n. 10.

Die drei letzten Vasen endlich beschäftigen sich mit der Pflege des Pferdes. Weitaus die merkwürdigste ist die hier nach Walpole, *Memoirs relating to European and Asiatic Turkey*² Tafel zu S. 322 abgebildete Scherbe, ein Musterbild für die lebendige Wiedergabe einer alltäglichen Scene.

Dem Pferd zur Linken wird von einem unter ihm hockenden Knecht der Huf gereinigt ¹⁴), das andere wird mit der ψήχτρα, der Strigel bearbeitet; beide tragen Maulkörbe. Die rotfigurige Schale des Epiktetos, Berlin 2262, abgebildet bei Gerhard, Auserlesene Vasenbilder Taf. 272 (Klein, Meistersignaturen S. 102 n. 7) zeigt einen Pferdeknecht, wie er zwei ungebärdige Pferde zur Tränke führt, und endlich die des Pamphaios, Berlin 2266, abgebildet bei Panofka, der Vasenbildner Pamphaios Taf I, 1 (Klein, Meistersignaturen S. 95 n. 23) ein einziges Pferd mit Maulkorb, das an einen kleinen Pflock angebunden ist und nun geputzt werden soll ¹⁵).

Der Maulkorb wird also nur dann angewendet, wenn das Pferd weder geritten noch gefahren wird. Den Pferden, welche zur Tränke und zur Weide geführt oder geputzt werden, wird der Korb umgebunden. Die Pferde, welche der Knecht aus dem Stalle bringt, um sie an den Wagen zu spannen, tragen auf dem Wege dahin den Maulkorb; sobald sie aber im Geschirr sind, wird er ihnen abgenommen. Der Reiter, der sein Pferd neben sich herführt, befreit es erst dann von dem lästigen Zwange, wenn er es besteigt; es giebt keine attische Vase, welche ein Pferd unter dem Reiter mit diesem Gerät zeigt. Dass die Pferde des Altertums im Allgemeinen bissiger als heutzutage gewesen sind, ist kaum anzunehmen, wie Schlieben (Die Pferde des Altertums S. 133) richtig bemerkt; aber falsch ist es, wenn man den Gebrauch des Maulkorbs dadurch erklärt, dass bei den Griechen die Kriegsrosse zum Beissen im Gefecht besonders abgerichtet waren, also im Friedenszustand vorsichtig behandelt werden mussten. Die hierfür angeführten Stellen aus alten Schriftstellern ¹⁶) sind ohne Beweiskraft, und die Pferde, welche eine griechische Trense von der Art im Maule hatten, wie wir sie gleich kennen lernen werden, werden keine grosse Lust zum Zubeissen gehabt haben. Xenophon, dem wir das Beste über antike Reitkunst und Pferdedressur verdanken, spricht sich in seiner aus grösster Kennerschaft heraus verfassten Schrift περὶ ἱππικῆς Cap. V 3 deutlich darüber im Sinne der Vasenbilder aus: εἰδέναι δὲ χρὴ τὸν ἱπποκόμον καὶ τὸν κημὸν περιτιθέναι τῷ ἵππῳ, καὶ ὅταν ἐπὶ ψῆξιν καὶ ὅταν ἐπὶ κυλίστραν ἐξάγῃ. καὶ ἀεὶ δὲ ὅποι ἂν ἀχαλίνωτον ἄγῃ κημὸν δεῖ. ὁ γὰρ κημὸς ἀναπνεῖν μὲν οὐ κωλύει, δάκνειν δὲ οὐκ ἐᾷ· καὶ τὸ ἐπιβουλεύειν δὲ περικείμενος μᾶλλον ἐξαιρεῖ τῶν ἵππων. 'Der Pferdeknecht muss aber auch verstehen, dem Pferde den Maulkorb anzulegen, mag er es zum Strigeln oder zum Wälzplatz[17]) herausführen, und überhaupt, wohin er das Tier unaufgezäumt führt, stets muss er ihm den Maulkorb anlegen. Denn der Maulkorb hindert die freie Atmung nicht, gestattet ihm aber andererseits nicht zu beissen und gewöhnt den Pferden besser die Tücke ab[18]).'

Als übliches Material für den Maulkorb ergab sich aus den Vasenbildern ein Geflecht von biegsamen Ruten oder Leder. Die litterarische Ueberlieferung lässt uns hier im Stich. Die einzige Stelle, in welcher das Material ausdrücklich erwähnt wird, giebt Bronze an. Pollux I 148 'καὶ τὸ μὲν ὅλῳ τῷ στόματι τοῦ ἵππου περιτιθέμενον χαλκοῦν ἠθμῶδες κημὸς καλεῖται — und das um das ganze Maul des Pferdes herumgelegte siebartige Gerät aus Erz wird κημὸς genannt.'

Κημὸς und φιμὸς sind die üblichen Bezeichnungen für den Maulkorb, aber mit diesen Bezeichnungen sind nicht immer Maulkörbe gemeint von der Art, wie wir sie soeben erläutert haben. Gerade für die einzelnen Teile der Pferdeausrüstung überhaupt ist die Terminologie äusserst schwankend, und es ist daher eine vergebliche Mühe, in jedem einzelnen Falle die specielle Bedeutung des Wortes erraten zu wollen. Wenn Aeschylus in den Sieben gegen Theben v. 461 (Weil) sagt

ἵππους δ᾽ ἐν ἀμπυκτῆρσιν ἐμβριμωμένας
δινεῖ, θελούσας πρὸς πύλαις πεπτωκέναι.
φιμοὶ δὲ συρίζουσι βάρβαρον νόμον,
μυκτηροκόμποις πνεύμασιν πληρούμενοι

und wenn es in dem Fragment des Aeschylus bei Eustathios S. 1157, 36 (Nauck, tr. gr. fr.² 326) heisst

ὃς εἶχε πώλους τέσσαρας ζυγηφόρους
φιμοῖσιν αὐλωτοῖσιν ἐστομωμένας,

so kann hier unter φιμὸς der Maulkorb nicht verstanden werden, denn die Pferde im Geschirr tragen eben einen Maulkorb nicht. Wir müssen trotz der Bemühungen der Scholiasten und alten Erklärer auf ein wirkliches Verständnis verzichten[19]).

Wieder an anderen Stellen wird unter κημὸς und φιμὸς deutlich ein Gerät verstanden, welches unserem Kappzaum sehr ähnlich gewesen sein muss. So braucht κημὸς Aelian h. a. XIII, 9, wo er die Führung der Pferde bei den Indiern bespricht, so Strabo φιμὸς XV, 66.

II.

Auf Tafel II und III sind die beiden mit dem Maulkorb zusammen gefundenen Trensen abgebildet, beide fast in wirklicher Grösse [20]), so dass alle Einzelheiten ihrer Einrichtung deutlich erkennbar sind. Die verschiedenen Trensenteile werden zusammengehalten durch eine Mittelaxe; diese besteht aus zwei gleichartigen Gliedern, nämlich je einem geraden Teil, der an der einen Seite durch einen Knopf, an der anderen durch eine ringartige Erweiterung abgeschlossen wird; diese ringartigen Erweiterungen hängen in einander und bilden so ein Ganzes. Zwischen Ring und Knopf liegen an beiden Gliedern die übrigen Teile der Trense, welche sämtlich um den geraden Teil drehbar sind. Es sind das zunächst dem Ringe eine starke scharfkantige Scheibe mit elliptischem Durchschnitt, ein Cylinder mit vier Reihen scharfer Zacken, sodann ein S förmig gestalteter Knebel mit einem Knopf an den Enden und je einem Ring oberhalb und unterhalb der Axe an seiner der Mitte abgekehrten Aussenseite, endlich ein in einem verzierten Knopf endender Haken. An den ringartigen Erweiterungen der Axe hängt einmal eine Kette von drei, einmal eine Kette von vier Ringen. Genau so ist auch die zweite Trense eingeteilt, nur ist statt des S förmigen Gliedes ein halbmondförmiges gewählt, an dessen innerer Seite ober- und unterhalb der Axe wieder die Ringe angebracht sind.

Die Art der Verwendung eines solchen Gebisses und der Zweck der einzelnen Teile wäre auch dann klar, wenn uns nicht die antiken Bildwerke und Schriftsteller Aufschluss gewährten. Die beiden Ringe an den S förmigen Knebeln einerseits und den halbmondförmigen andererseits sind dazu bestimmt, das ganze Gebiss mittelst Riemen an dem Halfter festzuhalten, die Knebel selbst sollen verhindern, dass das Pferd mit seinen Zähnen weiter nach rechts oder links über den Teil der Trense greift, der ihm durch das Maul gelegt ist. Denn hier hängen die Haken, welche die Zügel aufnehmen, und diese dürfen natürlich von dem Pferde nicht erfasst werden. Solche Querknebel werden noch heute in ganz ähnlicher Form namentlich für junge Tiere angewendet. Die Einwirkung auf das Pferd geschieht nun durch die stacheligen Walzen und die Scheiben; erstere liegen in dem zahnlosen empfindlichsten Teil des Unterkiefers, letztere auf der Zunge. Wird der Zügel angezogen, so wird die Zunge durch die Scheiben zusammengepresst und die scharfen Ränder drücken sich in sie ein. Auch der Zweck der beiden Ketten endlich ist ohne Weiteres klar. Mit ihnen soll das Pferd spielen, damit es die Trense locker im Maule behält, ein Mittel gegen die Hartmäuligkeit, wie es sich ähnlich noch heutzutage erhalten hat und besonders im Mittelalter beliebt war.

Die drei hierneben gegebenen Abbildungen können die Bestimmung der einzelnen

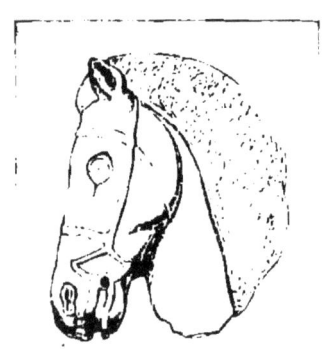

Trensenteile, soweit sie ausserhalb des Maules sichtbar sind, verdeutlichen. Die erste giebt den Kopf eines der archaischen Pferde von der Akropolis wieder, welche Winter im Archäologischen Jahrbuch 1893, S. 135 fg. besprochen hat. An ihm wird besonders klar, wie der halbrunde Seitenknebel an den Enden durch die beiden Riemen mit dem Halfter verbunden ist. Ein eigener Haken für den Zügel scheint hier nicht gewesen zu sein. Diesen erkennt man gut an der bronzenen Trense, die der Pferdekopf vom Mausoleum noch heute zeigt (s. die Abbildung auf der folgenden Seite); hier hat sich aber der Seitenknebel verschoben, er muss so stehen, dass seine durchlöcherten Enden in gleicher Richtung mit dem über der Nase laufenden Halfterriemen liegen. Am besten veranschaulicht die Anordnung des Ganzen die dritte hiernebenstehende Abbildung, eines der Pferde vom Alexandermosaik. Hier stimmt alles überein, die Befestigung am Halfter, die Form des Seitenknebels, der Haken für den Zügel — das, was das Pferd im Maule hatte, waren gewiss Walzen und Scheiben, wie sie die neue Erwerbung des Antiquariums zeigt.

Die Trense in der Form, wie sie uns hier entgegen tritt, ist sehr scharf und grausam, und die Einwirkung auf das Pferd war gewiss nicht geringer, als durch die heutige Trense und Kandare zusammengenommen. Die Anekdote, die von Apelles und anderen alten Malern erzählt wird, denen es nicht gelingen wollte, das Gemisch von Blut und Schaum darzustellen, das den Pferden vor dem Maule stand, beruht auf einer Beobachtung, die man täglich machen konnte; die Trense musste den Tieren die Mäuler blutig reissen. Soweit wir sehen können, hat kein Volk des Altertums eine annähernd ebenso scharfe Trense in Gebrauch gehabt. Man kann die Aufregung verstehen, in welche Valentin Trüchter 'bei hiesiger Republique wohl meritirter und bestallter Bereuter' bei der Betrachtung besonders grausamer mittelalterlicher Trensen geriet, der in seiner 'Neu eröffneten Hof- Kriegs- und Reitschule' um 1690 folgendes schrieb"):

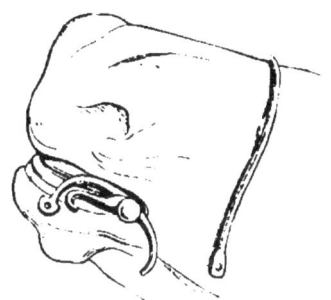

'Wem beliebet, der observire und besche mit uns die alten Staturen, die hinterlassenen Stangen und Gebisse der Alten, welche man noch in vornehmen Rüstkammern findet und von Einigen zu einem Gedächtniss verwahret und aufbehalten werden, so wird man sehen und finden die allerhärtesten, seltsamsten und greulichsten Gebisse, dass sich Einer billig darüber verwundern muss: ob es wohl möglich gewest sei, einem Pferd soviel Eisenwerk, Walzen, Rollen, Kettlein, Galgen, Gänskrägen, Räder u. dgl. nur ins Maul zu bringen. Bin dahero fast der Meinung, dass oft ein ganzes Uhrwerk nicht soviel Räder in sich habe, als an dergleichen Gebissen Räder, Walzen und dergleichen Instrumenta zu finden und anzutreffen sind, welche sie ohne Zweifel allein vor die Hartmäuligkeit der Pferde gemeinet und gebraucht haben.'

Das kann auch für die griechische Trense gelten, aber für uns kommen auch noch andere Gesichtspunkte in Betracht. So merkwürdig es klingen mag, die Trense hat durch ihre Schärfe und Grausamkeit auf die Bildung des Pferdetypus in der bildenden Kunst einen entscheidenden Einfluss ausgeübt. Man darf nur verfolgen, wie in den Pferdebildern der Vasen von den ältesten Zeiten ab der Unterkiefer in gezwungener Weise herabhängt; nicht nur, wenn das Tier in lebhafterer Gangart ist, bei welcher wir an eine stärkere Einwirkung der Zügel auf das Maul denken würden, sondern selbst im Schritt und im Stehen ist das aufgezäumte Pferd fast stets mit weit geöffnetem Maule dargestellt. Als charakteristisches Beispiel für diese Wahrnehmung, die man in jeder grösseren Vasensammlung machen kann, sei die Amphora des Exekias Berlin 1720 (Gerhard. Etruskische und Kampanische Vasenbilder Taf. XII) angeführt, auf welcher Akamas und Demophon ihre Pferde neben sich herführen. Es ist nicht die edle Race, die auf diese Weise bezeichnet werden soll, sondern man sah das aufgezäumte Pferd überhaupt nicht anders. So wie auf den Vasen, ist es auch in der grossen Kunst. Hier ist alles massvoller vorgetragen, aber wenn man die langen Reihen der Pferde des Parthenonfrieses an sich vorüberziehen lässt, so ist doch auch hier der Eindruck des unnatürlichen und gequälten in der Art, wie sie das Maul aufsperren, sehr bestimmt und man fühlt die Ohnmacht der Tiere gegen die scharfen Zwangmittel, welche sie ertragen müssen. Diese Bildung des Pferdekopfes, wie sie sich schon in der älteren Plastik beobachten lässt und wie sie ganz allgemein im fünften und vierten Jahrhundert gewesen sein muss, ist auf die spätere Kunst übertragen worden. Es giebt kaum ein grosses Reitermonument, eine grosse Pferdedarstellung bis in die römische Zeit hinein, welche nicht in der geschilderten Richtung die Tradition weiter führte [17]).

Genau dieselben Betrachtungen kann man an den grossen gewaltigen Schöpfungen der Renaissance machen. Wer die schrecklichen Gebisse dieser Zeit etwa nach Zschille und Forrer 'Die Pferdetrense in ihrer Formenentwickelung' betrachtet, kann sich nicht wundern, wenn, um die bedeutendsten Beispiele zu wählen, dem Pferde des Colleoni oder dem des Gattamelata in unnatürlicher Weise der Unterkiefer herabgedrückt wird. Solche Werke haben mit Recht auf die späteren bis in die heutige Zeit hinein nachhaltig gewirkt; aber was dort auf gewissenhafter Naturbeobachtung beruhte, dürfte unter veränderten Verhältnissen heut nicht mehr massgebend sein; man hat eben die Bedeutung des geöffneten schäumenden Maules gründlich missverstanden, bei dem heutigen Denkmalspferd gilt es und ist es meist in unangenehmer Uebertreibung das einzige Ausdrucksmittel für die edle Race, ein kümmerlicher Notbehelf, mit dem sich allerdings wirklich sehende Künstler wie Tuaillon bei seinen Pferdebildungen [17]) nicht abzugeben brauchen.

Griechische Pferdetrensen sind nur wenige bekannt. Lechat besprach im Bulletin de correspondance hellénique 1890 S. 384 fg. zwei Exemplare, möchte sich aber wegen ihrer grausamen Härte nicht dazu entschliessen, sie als typische Formen anzusehen.

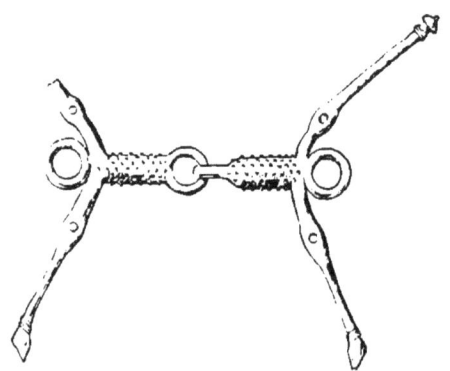

Nach dem Vorhergesagten kann aber die Grausamkeit als Gegengrund nicht in Frage kommen. Eine Uebersicht über die Trensen unter Heranziehung der bildlichen und litterarischen Ueberlieferung ergiebt vielmehr für das eigentliche Gebiss eine im Wesentlichen einheitliche Form, die sich unter geringen Veränderungen von Anfang an erhalten zu haben scheint.

Das älteste Stück ist jedenfalls die schon erwähnte, hierneben abgebildete Trense aus dem Perserschutt der Akropolis [17]), sie ist einfacher als die beiden neu gefundenen Trensen, zeigt aber im Wesentlichen dieselben Elemente; man würde sie stets mit ihnen zusammen stellen. Zwei Teile bängen in Ringen an einander. Die grossen Seitenknebel, die zackige Walze sind nicht um eine besondere Axe drehbar, sondern mit ihr aus einem Stück, das ganze ist nicht so geschmeidig und beweglich, wie die anderen Trensen, welche Xenophons Vorschrift genau entsprechend gebaut sind. Die lästigen Scheiben fehlen, ebenso der besondere Haken für den Zügel; statt dessen ist ein feststehender Ring in der Mitte des Knebels angebracht; die beiden kleinen Löcher dienen natürlich zur Befestigung der Trense am Halfter. Das eine Ende des Knebels hat der Handwerker in Erinnerung an die Bestimmung des Gegenstandes als Huf gestaltet[25]).

Die zweite von Lechat besprochene Trense ist in der Sammlung Carapanos aufbewahrt, stammt aber nicht aus Dodona, sondern ist von dem Besitzer gelegentlich erworben; sie ist wie die Abbildung zeigt, abgesehen von den Ketten in der Mitte auch äusserlich vollkommen der Trense auf Tafel II gleichartig, und in der Einteilung auch mit der auf Tafel III übereinstimmend. Das ist wichtig, denn wenn von vier vollständig erhaltenen Exemplaren drei einander so ähnlich sind, das vierte aber nur eine Vorstufe zu den andern ist, so darf man mit gutem Recht annehmen, dass eben diese Form die gebräuchliche war. Damit stimmen auch die sonst aus Griechenland erhaltenen Trensenfragmente überein. Auf Tafel LII bei Carapanos, *Dodone et ses ruines*, unter 8 ist ein Haken

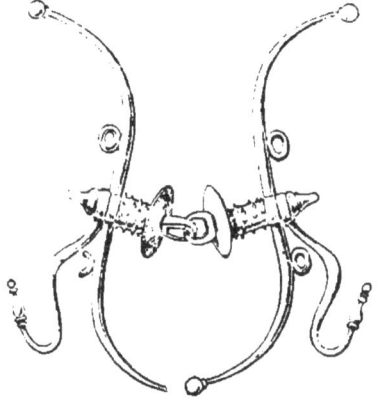

abgebildet, an welchem der Zügel befestigt werden sollte; er gehört vermutlich zu derselben Trense, zu welcher der Sförmige Knebel unter 7 gehörte. Beide Teile sind aber Reste eines Exemplares, welches dem hiernneben abgebildeten ganz nahe verwandt gewesen ist. Etwas anders muss die Trense ausgesehen haben, von welcher 5 ein Fragment wiedergiebt.

Bei den Ausgrabungen von Olympia sind nur wenige Reste von Pferdegeschirr zum Vorschein gekommen. Das 'Bronzen von Olympia' S. 195 abgebildete Fragment n. 1254 stammt von einem Seitenknebel wahrscheinlich von ursprünglich Sförmiger Bildung, und ist den andern Stücken sehr ähnlich; die Verteilung der drei Ringe auf Zügel und Halfterriemen ist nicht ganz klar. Als Haken für den Zügel hat die in einem Entenkopf endende Bronze 1254a gedient. Von der sonst üblichen Form abweichend sind 1254b und c gestaltet, welche, wie Furtwängler im Text richtig bemerkt, an italische Typen erinnern; aber sie erinnern doch nur daran. Wir sehen ähnliche Seitenknebel auf griechischen Vasen verwendet.

Wann die Scheiben, die an der Trense von der Akropolis fehlen, eingeführt sind, ist nicht sicher; aber jedenfalls doch schon im sechsten Jahrhundert, das darf man aus der Stilisirung des Pferdekopfes auf den schwarzfigurigen Vasen schliessen, die die schärfsten Einrichtungen geradezu voraussetzt. Auch der besondere Haken für den Zügel, der ebenfalls an der Trense von der Akropolis fehlt, die überhaupt im Ganzen etwas weicher ist als die übrigen Trensen, ist alt. Ganz deutlich kann man diesen Haken bemerken auf der Françoisvase an dem Pferde zur Rechten, welches den Wagen des Apollon zieht. Leider sind die Vasen für diesen Teil des Zaumzeuges wenig ausgiebig. Auf den Pästaner Wandgemälden Monumenti VIII, 21 ist der Zügelhaken sehr deutlich charakterisirt und für das Alexandermosaik kann auf die Abbildung S. 18 verwiesen werden.

Glücklicherweise haben wir aber wenigstens aus dem Anfang des vierten Jahrhunderts einen litterarischen Beleg für die vorliegende Trensenform, wie er nicht besser gewünscht werden kann, und damit zugleich die Gewissheit, dass sie eben die gebräuchliche griechische ist; das hätte von Lechat schärfer hervorgehoben werden sollen. Xenophon beschreibt die Trensen, deren sich der Reiter zum Zureiten seines Pferdes bedienen soll, mit folgenden Worten in seiner Schrift περὶ ἱππικῆς X 6:

πρῶτον μὲν τοίνυν χρὴ οὐ μεῖον δυοῖν χαλινοῖν κεκτῆσθαι. τούτων δὲ ἔστω ὁ μὲν λεῖος, τοὺς τροχοὺς εὐμεγέθεις ἔχων, ὁ δὲ ἕτερος τοὺς μὲν τροχοὺς καὶ βαρεῖς καὶ ταπεινούς, τοὺς δ' ἐχίνους ὀξεῖς, ἵνα ὁπόταν μὲν τοῦτον λάβῃ, ἀσχάλλων τῇ τραχύτητι διὰ τοῦτο ἀφίῃ, ὅταν δὲ τὸν λεῖον μεταλάβῃ, τῇ μὲν λειότητι αὐτοῦ ἡσθῇ, ἃ δὲ ὑπὸ τοῦ τραχέος παιδευθῇ, ταῦτα καὶ ἐν τῷ λείῳ ποιῇ. ἢν δ' αὖ καταφρονήσας τῆς λειότητος θαμινὰ ἀπερείδηται ἐν αὐτῇ, τούτου ἕνεκα τοὺς τροχοὺς μεγάλους τῷ λείῳ προστίθεμεν ἵνα χάσκειν ἀναγκαζόμενος ὑπ' αὐτῶν ἀφίῃ τὸ στόμιον. οἷόν τε δὲ καὶ τὸν τραχὺν παντοδαπὸν ποιεῖν καὶ κατειλοῦντα καὶ κατατείνοντα. ὁποῖοι δ' ἂν ὦσι χαλινοί, πάντες ὑγροὶ ἔστωσαν. τὸν μὲν γὰρ σκληρόν, ὅπῃ ἂν ὁ ἵππος λάβῃ, ὅλον ἔχει πρὸς ταῖς γνάθοις· ὥσπερ καὶ ὀβελίσκον, ὁπόθεν ἄν τις λάβῃ, ὅλον αἴρει. ὁ δ' ἕτερος ὥσπερ ἡ ἅλυσις ποιεῖ· ὃ γὰρ ἂν ἔχῃ τις αὐτοῦ, τοῦτο μόνον ἄκαμπτον μένει, τὸ δὲ ἄλλο ἀπήρτηται. τὸ δὲ φεῦγον ἐν τῷ στόματι ἀεὶ θηρεύων ἀφίησιν ἀπὸ τῶν γνάθων τὸ στόμιον· τούτου ἕνεκα καὶ οἱ κατὰ μέσον ἐκ τῶν ἀξόνων δακτύλιοι κρεμάννυνται, ὅπως τούτους διώκων τῇ τε γλώττῃ καὶ τοῖς ὀδοῦσιν ἀμελῇ τοῦ ἀναλαμβάνειν πρὸς τὰς γνάθους τὸν χαλινόν. εἰ δέ τις ἀγνοεῖ τί τὸ ὑγρὸν τοῦ χαλινοῦ καὶ τί τὸ σκληρόν, γράψομεν καὶ τοῦτο. ὑγρὸν μὲν γάρ ἐστιν ὅταν οἱ ἄξονες εὐρείας καὶ λείας ἔχωσι τὰς συμβολὰς ὥστε ῥᾳδίως κάμπτεσθαι, καὶ πάντα δὲ ὁπόσα περιτίθεται περὶ τοὺς ἄξονας ἢν εὐρύστομα ᾖ καὶ μὴ σύμπυκνα, ὑγρότερά ἐστιν. ἢν δὲ χαλεπῶς ἕκαστα τοῦ χαλινοῦ διατρέχῃ καὶ συνδέῃ, τοῦτ' ἐστὶ σκληρὸν εἶναι[16]).

Zunächst also darf man nicht weniger als zwei Trensen haben. Von diesen soll die eine glatt sein und Scheiben von gehöriger Grösse haben, bei der anderen sollen die Scheiben schwer und niedrig sein, dagegen die Walzen scharfstachelig, damit das Pferd, wenn es diese Trense ins Maul bekommt, durch ihre Schärfe unangenehm berührt wird und sie dann locker lässt, wenn es aber danach die glatte Trense bekommt, sich über ihre Glätte freut und was es an der scharfen gelernt hat, auch an der glatten thut (nämlich, dass es die Trense nicht zwischen die Zähne klemmt). Wenn es sich aber nun wieder aus der Glätte nichts macht und sich häufig darauf stützt (indem es das Gebiss mit den Zähnen ergreift), so machen wir deswegen an dem glatten Gebiss die Scheiben gross, damit es durch diese gezwungen wird, das Maul aufzusperren und so das Gebiss locker zu lassen. Man kann aber auch mit der scharfen Trense durch Nachgeben und Anziehen alles mögliche machen [27]). Was für Trensen es aber auch sein mögen, alle sollen beweglich sein. Denn wenn sie unbeweglich ist, so hat sie das Pferd, wo immer es auch anpackt, stets ganz zwischen den Kinnladen; wie man ja auch einen Spiess, wo immer man ihn anfasst, ganz aufhebt. Die andere Trense dagegen (nämlich die bewegliche) macht es wie eine Kette, denn nur der Teil von ihr, den man in der Hand hält, bleibt ungebogen, das andere aber hängt herab; und indem das Pferd den entschlüpfenden Teil stets nachzufassen sucht, lässt es die Trense aus den Kinnladen frei. (Das Pferd soll also die Trense nicht mit den Zähnen festhalten, sondern möglichst zum Kauen veranlasst werden.) Und deswegen hängen auch die Ringe an der Mitte der Axe herab, damit es diese mit der Zunge und den Zähnen verfolgt und dann vergisst, die Trense zwischen die Kinnladen zu nehmen. Wenn aber einer nicht weiss, was unter der Beweglichkeit und was unter der Unbeweglichkeit der Trense zu verstehen ist, so wollen wir auch das noch hinzufügen. Unter Beweglichkeit versteht man, wenn die Axen weite und glatte Gelenke haben, so dass sie sich leicht biegen — ebenso nennt man alle Teile, die um die Axen liegen, wenn sie weite Oeffnungen haben und nicht dicht aneinander gedrängt sind, leicht beweglich. Wenn aber die einzelnen Teile der Trensen schwer durchlaufen und zusammenlaufen, so ist das Unbeweglichkeit.'

Xenophon kennt also zwei Trensen, die scharfe und die weiche. Ihre Einrichtung ist vollständig gleich, beide haben τροχοί und ἐχῖνοι, nur die Grösse und die Schärfe dieser Teile ist verschieden. Wir lernen durch diese Stelle wirklich viel und können sie geradezu als Beschreibung für die beiden Trensen verwenden [28]). Die Walzen mit den Zacken sind die ἐχῖνοι, die Scheiben heissen τροχοί. Körte hatte demnach Recht, wenn er die ἐχῖνοι 'als ringsum mit Zähnen oder mit Einkehlungen versehene Walzen' erklärte [29]). Das χάσκειν, die erwünschte Wirkung dieser beiden Qualmittel, haben wir an der bildlichen Ueberlieferung verfolgen können. Beide Trensen sind ὑγραί, wogegen die von der Akropolis als σκληρὸς χαλινός bezeichnet werden muss. In den ringförmig endenden ἄξονες hängen die δακτύλιοι, die bei den übrigen Exemplaren verloren gegangen sind.

Die Namen für den Zügelhaken und für die Seitenknebel hat uns Xenophon nicht aufbewahrt. Wie das kommt, ist klar; für den Zweck des Zureitens eines Pferdes.

um dessentwillen die ganze Auseinandersetzung über die Trensen gegeben wird, kommen diese Teile nicht in Betracht; sie konnten beliebig gestaltet sein [20]). Schon bei den besprochenen Trensen haben wir allein vier verschiedene Formen für die Seitenknebel nachweisen können. Stephani hat im Compte-rendu 1865 S. 188, was ihm aus den Monumenten bekannt war, zusammengestellt. Die Uebersicht ist weder vollständig, noch im Einzelnen richtig, aber sie lehrt doch die grosse Mannigfaltigkeit in der Gestaltung dieses Teiles der Pferdetrense genügend kennen. Für den dort unter b abgebildeten Knebel, der dem auf Tafel II entspricht, werden als Belege die Silbervase von Nikopol, das Alexandermosaik und die Françoisvase angeführt. Wer die griechischen Vasen und sonstigen Denkmäler genau mustert, wird finden, dass diese Form stets in Gebrauch war — sie erscheint auf den Vasen und Denkmälern verschiedenster Stilarten und Zeiten — ja dass sie mehrfach zugleich mit anders gestalteten Knebeln auftritt. Als bestes Beispiel hierfür kann das Alexandermosaik dienen; hier sind gerade, halbrunde, Sförmige Knebel ohne Unterschied nebeneinandergestellt. Was für den Sförmigen Knebel gilt, gilt auch für die geraden und halbrunden Knebel, welche von Stephani als die gewöhnlichsten aufgezählt werden. Die letzteren sind entweder wirklich halbkreisförmig oder etwas weniger geschweift, gewöhnlich als Bronzestangen gedacht, nur selten wie auf Tafel III halbmondförmig gestaltet; aber es giebt auch dafür genügend Beispiele z. B. die Berliner korinthische Amphora Nr. 1147. Es kann hier nicht der Ort sein, alle Varianten im Einzelnen zu besprechen und durch Bildwerke zu belegen: nur auf eine Eigentümlichkeit sei hier noch aufmerksam gemacht, welche sich an den Trensen sorgfältig gemalter schwarzfiguriger und streng rotfiguriger, vereinzelt auch späterer Vasen findet und die von Stephani und anderen misverstanden worden ist. Wenn man die Zäumung der Pferde an der schon erwähnten Vase des Exekias, Berlin 1720 betrachtet, bemerkt man, dass zwischen dem Knebel und den beiden Riemen, welche ihn mit dem Halfter verbinden ein viereckiges Plättchen eingeschoben ist, welches mit dem Zaumzeug eigentlich nichts zu thun hat und nur eine Verzierung vorstellen kann. Ganz deutlich ist das Plättchen auch auf dem attischen Pinax Berlin 1819, wo es durch die Punktirung noch besonders hervorgehoben ist. Und ebenso erkennt man auf der Abbildung oben S. 5 an den beiden angeschirrten Pferden eine halbrunde breite punktirte Verzierung, die eine praktische Bedeutung nicht haben kann, weil der Knebel noch ausserdem vorhanden ist. Beispiele dieser Art lassen sich mit Leichtigkeit häufen, aber nicht immer ist der Charakter der Verzierung mit solcher Deutlichkeit festgehalten wie hier. Häufig sind die Plättchen sehr gross geraten, ihre Verbindung mit dem Halfter unklar, so dass sie leicht als wirkliches Glied der Trense misverstanden werden können; aber fast stets sind sie durch Punktirung als etwas Besonderes gekennzeichnet. Wohl am auffälligsten ist dieser Schmuck auf dem Petersburger Krater Monumenti VIII, 44

(Compte-rendu 1866 Taf. VI), der mit demselben halbrunden Ausschnitt an der Wiener Amphora bei Massner, Die Sammlung antiker Vasen und Terrakotten im k. k. Oesterreich. Museum n. 225 wiederkehrt[21]), und als besonders gross mag auch die Platte auf dem rotfigurigen Krater, Compte-rendu 1874 Taf. V erwähnt werden[22]).

Wie schon bemerkt worden ist, stehen die griechischen Trensen in ihrer Grausamkeit und Härte für das Altertum ganz vereinzelt da; aber auch in ihrer sonstigen Einteilung. Es ist uns eine unglaubliche Menge von Pferdegeschirr aus Südrussland und Italien erhalten, und namentlich für Italien wird sich das Material durch ein eingehendes Studium der Museen noch wesentlich vermehren lassen, da viele angeblich unbestimmbare Bronzegeräte sicher zum Zaumzeug gehört haben. Die südrussischen Gräber haben namentlich Seitenknebel geliefert, und in der Gestaltung dieser Teile ist eine grosse Mannigfaltigkeit entwickelt worden. Aus den Gräbern der 'Sieben Brüder' sind allein gegen 100 Stück zum Vorschein gekommen. Bald sind sie einfach S förmig gebogen, bald gerade und an dem einen Ende mit einem Pferdekopf versehen; eines zeigt an dem einen Ende einen Vogelkopf, ein anderes oben ein Pferdevorderteil unten einen Huf, hier ist das Gerät wie ein phantastischer Vogel gebildet, dort wie ein schlanker Panther u. s. w.[23]). Besondere Zügelhaken haben sich hier nicht gefunden, wohl aber in anderen Gräbern; jedoch haben sie mit den griechischen keine Aehnlichkeit. Eigentliche Gebisse sind nicht sehr zahlreich erhalten, deswegen weil sie meist von Eisen hergestellt waren und daher der Zerstörung weniger widerstehen konnten. Aber was da ist, zeigt, dass von Zwangsmitteln, wie an den griechischen Trensen, nicht die Rede war. Die schärfste Form, die mir begegnet ist, ist im *Recueil d'antiquités de la Scythie* Taf. 23,8 abgebildet; bei ihr sind an den Axen mehrere ringartige Schwellungen zu bemerken. Aber meistens sind die beiden Axen glatt und hängen in kleinen Oesen in einander. Nur die von Stephani als ἐχῖνοι, von Körte als λύκοι erklärten Trensenteile[24]), die in Südrussland sehr üblich sind, üblicher als sich nach einer Durchsicht der Litteratur annehmen lässt[25]), sind für das Pferd unbequem. Es sind das viereckige Platten, die an den äusseren Enden der Axen angebracht sind und vier niedrige nach der Innenseite gerichtete Zacken haben (vgl. die Trense im *Recueil d'antiquités de la Scythie* Taf. 23,8; Compte-rendu 1876 S. 124. 133). Diese Platten liegen aber nicht im Maule des Pferdes, sondern zu beiden Seiten am Maule; sie haben den Zweck, bei Wendungen einzuwirken, können aber nicht als grausames Quälmittel bezeichnet werden.

Auch die italischen Trensen lassen ebensowenig wie die römischen, weder in ihrer Härte noch in der Gesamteinteilung eine Vergleichung mit den griechischen zu. Eine einigermassen vollständige Uebersicht geben Zschille und Forrer, 'die Pferdetrense in ihrer Formenentwickelung' auf den ersten Tafeln[26]), speciell über die italischen Gozzadini, '*De quelques mors de cheval italiques*' Taf. I - III. Walzen und Scheiben finden sich hier niemals, dagegen sind die Axen häufig nicht einfach rund, sondern gedreht, auch wohl mit kleineren Schwellungen versehen, um die Wirkung auf das Maul des Pferdes zu steigern. Einzelne römische Gebisse haben auch an den Axen besondere Verschärfungen, wie beispielsweise das aus Pompei bei *Ceci, piccoli bronzi del real museo Borbonico* Taf. VII,42, aber das scheint doch nicht die Regel gewesen zu sein. Wie das Gebiss, unterscheiden sich auch die Seitenknebel und die Zügelvorrichtungen bei den italischen und römischen Trensen deutlich von den griechischen, und es mag dafür genügen auf die Abhandlung von Gozzadini hinzuweisen. Gerade hier wird sich in Zukunft viel Neues bringen lassen.

Die Trensen der Renaissancezeit stehen den griechischen Trensen am nächsten, nicht in der Bildung der einzelnen Teile, sondern im Gesamtcharakter. Es sind die gleichen quälenden Mittel, durch welche man des Tieres Herr zu werden suchte. Wie durch die gleichen Ursachen in der Kunst die gleichen Wirkungen hervorgebracht wurden, ist oben angedeutet worden.

III.

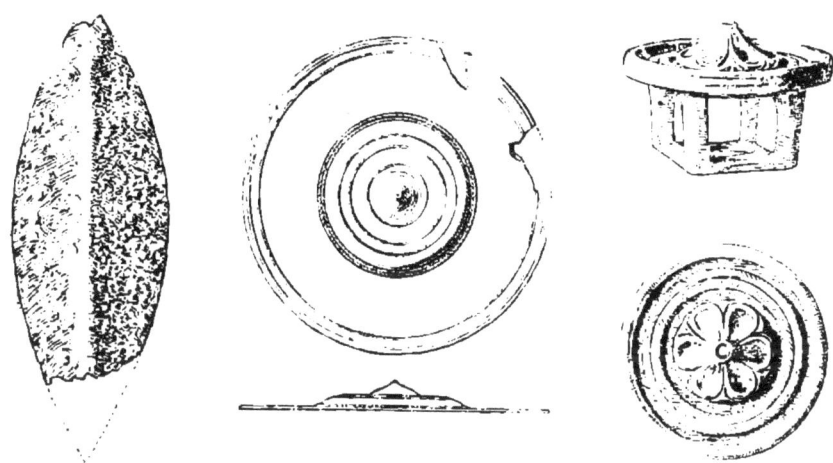

Nicht allein die beiden Trensen und der Maulkorb sind dem Reiter in sein Grab gelegt worden. Auch das Riemenzeug, Halfter und Zügel, alles was zur Aufzäumung nötig war, hat der Tote bei sich gehabt. Das Riemenzeug war in seiner Art nicht minder kostbar, als der Maulkorb; es ist reich mit bronzenen Schmuckstücken verziert gewesen.

Der hierüber links in einem Drittel seiner Grösse abgebildete und in seiner ursprünglichen Form ergänzte Gegenstand ist aus starkem Bronzeblech hergestellt; er zeigt in der Längsrichtung eine stumpfe Kante, von welcher er nach beiden Seiten dachartig abfällt. Die grossen Flächen sind ohne bildnerischen Schmuck, obwohl sie hierfür sehr geeignet waren. Im Innern bemerkt man, wie an verschiedenen Stellen die Bronze in regelmässiger Weise blau oxydirt ist. Beim ersten und letzten Drittel zieht sich ein 2 cm breiter Streif quer darüber hin; beide sind durch einen ebenso breiten Längsstreifen verbunden. Diese eigentümliche Färbung ist, wie von sachverständiger Seite versichert wird, durch die Lederriemen entstanden, auf welche der Zierrat aufgesetzt war, ein Beweis, dass das ganze Geschirr im Grabe gelegen hat. Die Riemen waren also etwa so stark wie die heute gebräuchlichen.

Der technische Ausdruck für diesen Teil des Pferdezaumes ist προμετωπίδιον, ein Schild, das vor der Stirne des Tieres lag. Dieses Stirnschild hat, wie es scheint, in seiner Formgebung und in seiner Bedeutung sehr mannigfaltige Wandlungen durchgemacht. Ursprünglich hat es hauptsächlich zum Schutz gedient. So kennt es noch Xenophon, der in seiner Schrift XII 8 sich mit folgenden Worten äussert: ἐπείπερ δέ, ἥν τι πάσχη ὁ ἵππος, ἐν παντὶ κινδύνῳ καὶ ὁ ἀναβάτης γίγνεται, ὁπλίζειν δεῖ καὶ τὸν ἵππον προμετωπιδίῳ καὶ προστερνιδίῳ καὶ παραμηριδίοις — 'da aber wenn dem Pferde etwas passirt, auch der Reiter in die grösste Gefahr kommt, muss man auch das Pferd mit einem Stirnstück, Brustharnisch und Seitenpanzern wappnen'. Auf attischen Vasen finden wir das Gerät nur selten dargestellt, natürlich weil die Pferde gewöhnlich nicht von vorn gezeichnet werden; aber wenigstens ein sicheres Beispiel, wenn auch vielleicht nur als Schmuckstück, zeigt die Hydria des Tychios (Wiener Vorlegeblätter 1889 Taf. VI, 1b); das kann nicht etwa eine Blässe sein, die würde der Maler weiss gemacht haben. In Gebrauch gewesen ist das Stirnschild in Griechenland sicher, wie ja schon Xenophons Worte beweisen.

Als Schutz für die Stirn des Pferdes musste das Gerät gross und stark sein. Dieser Anforderung entsprechen die zahlreichen griechisch-unteritalischen Beispiele des VI.—V. Jahrhunderts, von denen das Karlsruher Museum die grösste Sammlung besitzt, grosse getriebene Bronzebleche, die genau der Linie des Pferdekopfes folgen und häufig durch Angabe der Augen, der Nüstern u. s. w. dem Pferdekopfe noch ähnlicher gemacht sind; vielfach sind Medusen und behelmte Kriegerköpfe als Schmuck verwendet und weisen auf den kriegerischen Zweck hin[37]). Genau wie diese Bronzen sehen die Stirnschilder aus, welche die Pferde der wesentlich jüngeren Pästaner Grabgemälde tragen.

Später gehen grosse und kleine Stirnschilder nebeneinander her; sie werden oft aus kostbarem Metall hergestellt und es scheint, dass sie nun mehr zum Schmuckstück geworden sind. Bei den grossen herrscht noch das Bestreben vor, möglichst den ganzen Pferdekopf zu decken, die kleineren haben im Allgemeinen die Form, wie sie die neugefundene Bronze zeigt. Die südrussischen Gräber sind es wieder, welche die reichste Ausbeute geliefert haben. Ein Stirnschild, wie das grosse goldene von griechischer Arbeit bei Kondakof und Tolstoi, *Antiquités de la Russie méridionale* S. 269 n. 241 mit der phantastischen Figur inmitten von Ranken, oder wie das ebenda n. 243 abgebildete, welches wenigstens an griechische Vorbilder erinnert, sind Prachtstücke ersten Ranges und sicher nicht zu kriegerischem Zweck bestimmt gewesen; andere wieder sind einfacher aus Bronze hergestellt und lassen die Möglichkeit offen, dass sie wirklich als Schirm gedient haben³⁸). Die kleinen Stirnschilder können sicher nur als Verzierung des Riemenzeugs verwendet gewesen sein. In dem Grabe von Alexandropol³⁹) ist ein solches aufgefunden worden aus vergoldetem Silber mit der getriebenen Darstellung einer stehenden Athena und mit ihm runde, reich verzierte Zierscheiben. Ganz ähnlich sind die beiden Stücke aus dem Grab der Demeterpriesterin in der grossen Blisnitza mit Kampfdarstellungen geschmückt⁴⁰), und auch zu diesen beiden gehören getriebene Scheiben.

Lehrreich ist in diesem Zusammenhange für das Nebeneinandergehen der grossen und kleinen Stirnschilder eine Betrachtung der Balustradenreliefs vom Tempel der Athena Polias zu Pergamon. Unter dem Rüstzeug ist Pferdegeschirr reichlich vertreten. Tafel 43 der Altertümer von Pergamon II zeigt ein ganz grosses Prometopidion, das in der Art, wie die Form des Pferdekopfes nachgebildet ist, an die unteritalischen erinnert: die hohe Federbekrönung kennzeichnet es als ein besonderes Prunkstück. Kleiner und schmaler ist das auf Tafel 47,3 abgebildete; hier sitzt es inmitten eines Riemengehänges und ist von Scheiben in Rosettenform umgeben; das Ganze wird von einem halbrunden Bügel mit Mähnenhaaren und Pferdeschweifen gekrönt. Noch einfacher endlich und wieder an Riemenzeug sitzend und von 6 Scheibenrosetten umrahmt sind die Schildchen auf Tafel 49,3 und 49,22; sie sind den unseren etwa an Grösse gleich: ein oberer halbrunder Abschluss scheint hier nicht gewesen zu sein.

So wie in Pergamon ist es schliesslich auch auf dem Alexandermosaik, und hier haben wir wieder für die neue Bronze die nächsten Analogien. Das Pferd Alexanders allein ist durch ein reicheres Stirnschild ausgezeichnet; aber wo sonst das Gerät sichtbar wird, ist es klein und unscheinbar, ein blosser Schmuck für das Riemenzeug. Zum Vergleich ist der Kopf von dem gefallenen Pferde des persischen Vornehmen hierneben abgebildet, zugleich aber auch um des sonstigen Schmuckes willen, der deutlich an die Gegenstände erinnert, die oben S. 27 in der Mitte und rechts abgebildet sind⁴¹), und die zum Schluss kurz besprochen werden sollen.

Das Stück in der Mitte ist ein Exemplar von vier gleichartigen, in halber Grösse wiedergegeben. Es sind flache gewölbte Scheiben aus dünnem Bronzeblech. Zwei haben einen Durchmesser von 10 cm, eine von 9¹⁄₂, die grösste dagegen einen Durchmesser von 11 cm. In der Mitte zeigen sie einen spitzen Buckel, der von konzentrischen Kreisen umgeben ist, dann ein feines Flechtband, am Rande wieder konzentrische Kreise. An der

Innenseite bemerkt man an allen vier Stücken den blauen 2 cm breiten Streifen, wie an dem Stirnschild. Auch die Scheiben waren demnach ohne besondere Vorrichtungen an dem Riemenzeug befestigt.

Rechts davon ist in natürlicher Grösse von vorn und von der Seite ein Gerätstück mit einer Rosette an der Vorderseite abgebildet. Es sind im Ganzen drei der Art erhalten, ursprünglich werden es wohl vier gewesen sein. Die Rosetten sind stark und kräftig, sie sollten etwas aushalten. Ein Flechtband ähnlich wie das auf den Scheiben umrahmt die sechsblättrige streng stilisirte Blüte. Ganz ähnlich eingerichtet sind die Rosetten aus Dodona bei Carapanos, Dodone Taf. LII,18 und 19, die also wohl auch zu einem Zaumzeug gehört haben.

An welchen Stellen des Halfters diese acht grösseren und kleineren Schmuckstücke gesessen haben, ist nicht leicht zu sagen. Soviel ist aber klar, dass die festen starken Rosetten einen praktischen Zweck hatten, wogegen die Scheiben lediglich als Schmuck dienten. Die eigentümliche Bildung des Fusses der Rosette legt es nahe, diese an Stellen des Riemenzeuges angebracht zu denken, wo sich mehrere Riemen kreuzten, besonders an dem Punkte, wo die beiden Riemen, welche den Knebel festhalten, mit dem Halfter zusammenhängen und rechts und links von den Ohren (s. die Abbildung S. 29); die Scheiben dagegen können überall gesessen haben.

Wenn wir unter den Denkmälern Umschau halten, zu welcher Zeit solche Verzierung des Riemenzeuges in Mode gekommen ist, so werden wir wieder in den Anfang des vierten Jahrhunderts geführt, eben die Zeit, welcher auch der Maulkorb angehört. Nur ganz vereinzelt lassen sich ältere Beispiele nachweisen. Wenn das Pferd auf dem strengrotfigurigen Krater Monumenti VIII, 44, das wir schon der grossen

angeblichen Seitenknebel wegen erwähnt haben, auf der Stirn und an der Wange eine runde Verzierung trägt, so ist das eine Ausnahme, welche mit dem späteren Gebrauch vieler Scheiben und Rosetten nichts zu thun hat. Erst auf jungen attischen Vasen sehen wir die Pferde häufiger mit diesem Schmuck ausgerüstet. In derselben Zeit, in welcher das προμετωπίδιον vom Schutzstück zum Zierrat wurde, hat man wie es scheint begonnen, das Riemenzeug reichlicher zu behängen. Zu den kostbaren südrussischen προμετωπίδια aus vergoldetem Silber gehören die ebenso reichen Medaillons mit getriebenen Reliefdarstellungen, die in ihrer Grösse mit den neu gefundenen Stücken übereinstimmen.

Vom vierten Jahrhundert ab ist dieser Schmuck ganz allgemein geworden und ein Nachweis einzelner Beispiele würde einem Nachweis aufgezäumter Pferde gleich sein. Nur die beistehend abgebildeten Reste des bronzenen

Pferdezaums von dem Maussolleum in Halikarnass mögen als besonders nahe verwandt angeführt werden, zugleich auch, weil sie Teile echtgriechischen Zaumzeuges sind, das immer noch selten genug ist, um als besonders wichtig zu gelten. Es ist anzunehmen, dass ein Studium verschiedener Museen auch hier sehr lohnend sein wird.

Die neue Erwerbung des Antiquariums ist nach verschiedenen Seiten hin von Interesse. Zum ersten Male ist ein nahezu vollständiges Zaumzeug aus Griechenland bekannt geworden, welches im vierten vorchristlichen Jahrhundert entstanden ist; es lässt sich unter Vergleichung des bisherigen spärlichen und meist aus vereinzelten Teilen bestehenden Materials mit einiger Sicherheit die Grundform der griechischen Trense feststellen und aus ihrer Betrachtung heraus wird eine merkwürdige Eigentümlichkeit der Pferdebildung in der griechischen Plastik erst wirklich verständlich. Auch für die Erklärung mancher Stellen der Xenophontischen Schrift περὶ ἱππικῆς leistet die neue Erwerbung gute Dienste. Einzelnes musste freilich unklar bleiben und es ist sehr zu bedauern, dass das Grab nicht mit der Sorgfalt und Aufmerksamkeit ausgegraben worden ist, die es um seines Inhalts willen verdiente. Aber das kann uns doch die Freude nicht verderben an einer ebenso seltenen als vortrefflichen dekorativen Arbeit, wie wir sie in dem Maulkorb gewonnen haben.

Anmerkungen.

[1]) Das Epigramm steht Anth. Pal. VI, 246, ein ähnliches VI, 233. Vgl. VI, 312. Von der Weihung des Kimon berichtet Plutarch Kimon cap. 5. Die Trense von der Akropolis fasst auch Lechat im Bulletin de correspondance hellénique 1890 S. 384 fg. als Weihgabe auf. Ueber die Sitte des Begrabens von Pferden lässt sich weit mehr Material herbeibringen, als hier gegeben ist, übersichtlich zusammengestellt ist es nirgends. Bekannt ist die Stelle aus Vergil Aen. XI, 193, wo auf den Scheiterhaufen des Pallas ausser den spolia andere Waffen und frena geworfen werden. Vgl. für dieselbe Sitte bei den Skythen Herodot IV, 71 u. a. m.

[2]) Seine grösste Länge von dem oberen Rande der Rosette gemessen beträgt 26 cm, die Breite zwischen den Seitenbügeln 12 $\frac{1}{2}$ cm, die Tiefe vom Mittelbügel bis zu dem Rande des unter dem Maul liegenden Teils 18 $\frac{1}{2}$ cm. Die Dicke der Bronze wechselt zwischen 0,2 und 0,5 cm.

[3]) Der athenische Sessel ist besprochen bei Friederichs-Wolters n. 1332, der Berliner in der 'Beschreibung der antiken Skulpturen' n. 1051. Köhler setzt C. I. A. II 1524 den athenischen Sessel nach der Inschrift entweder in das Jahr 369/368 unter Lysistratos' Archontat, oder 355/354 unter Kallistratos, Furtwängler, Meisterwerke S. 206, in das Archontat des Demostratos von 393/392, nicht des Demostratos von 390/389, weil in der Urkunde C. I. A. II, 660 dieser letztere möglicherweise noch ein Demotikon hatte, das auf dem Sessel fehlt; die officielle Urkunde beweist indessen nichts für den Sessel. Für die Art der Arbeit des Sessels ist charakteristisch, was mir Dr. H. Schrader nach einer Untersuchung des Originals schreibt: 'auf der Abbildung bei Le Bas (Voyage archéologique. architecture II, 13) fehlt an der rechten Seite ein Stück, das sicher antik und zugehörig ist. Die ganz flache und rohe Arbeit daran stimmt genau überein mit der Art, wie die ganzen Seitenteile vernachlässigt sind. Denn während die ganze Verzierung des Rückens aufs sorgfältigste und zarteste ausgeführt ist, sind die Seitenteile eben nur angelegt. Wenn man den Rücken ansieht, kann man nicht zweifeln, dass das athenische Exemplar Original ist. Vielleicht war es für einen Platz bestimmt, an dem die Seiten verdeckt waren, während der Rücken gut gesehen werden konnte'. Es existirt noch eine dritte Replik desselben Sessels in S. Gregorio in Rom, auf die mich Wolters aufmerksam gemacht hat. Eine Zeichnung davon befindet sich im athenischen Institut n. 532. Abgebildet ist der Sessel bei Schinkel und Beuth, Vorbilder für Fabrik und Handwerk Taf. 38. Er scheint vollständig erhalten zu sein und wird bei Matz-Duhn, Antike Bildwerke in Rom n. 3706 als 'feine zierliche Arbeit' angegeben, die besser sei als der Sessel vom Parthenon, was wohl noch zu untersuchen bleibt.

Endlich hat mir Dr. H. Schrader aus der Sammlung Dimitriu im Museum von Athen zwei Amphoren n. 2562 und 2563 namhaft gemacht, auf welchen in ganz ähnlicher Weise wie an dem Maulkorb zwei Sphingen sich in Ornamente auflösen. Die Amphoren gehören in die Reihe der von Merriam im American journal of archeology S. 18 ff. behandelten Vasen, welche in Alexandria gefunden sind und aus der ersten Ptolemäerzeit stammen.

[4]) Stackelberg, Gräber der Hellenen Taf. 28.

[5]) Abgeb. Archäol. Zeitung 1879 Taf. 10. Es ist zu bedauern, dass das Henkelornament hier so klein, und bei anderen Beispielen überhaupt nicht abgebildet ist, deswegen weil es eine

besonders charakteristische Weiterentwickelung der Henkelpalmette vorstellt, wie sie Winter, Archäol. Jahrbuch 1892 S. 112 andeutet.

⁶) Rayet-Thomas, Milet et le golfe Latmique Taf. 47 fg.
⁷) Compte-rendu 1876 Taf. II.
⁸) Daremberg-Saglio s. v. capistrum S. 897 Fig. 1142.
⁹) Cecil Smith war so freundlich, mir über die Londoner Stücke Auskunft zu geben.
¹⁰) Nach einer Photographie, welche ich der Liebenswürdigkeit von Mau verdanke. Eine Seitenansicht des Maulkorbs findet sich bei Ceci, piccoli bronzi del real museo Borbonico Taf. VII, 39.
¹¹) Die beiden Zeichnungen sind von Anderson hergestellt; auch Cecil Smith hält den Maulkorb für spät.
¹²) Die ihm bekannten Vasen hat Heydemann, Archäologisches Jahrbuch 1889 S. 265 Anm. 7 zusammengestellt. Die hier gegebene Uebersicht ist etwas vollständiger, wird aber auch nicht alles bringen, was erhalten ist.
¹³) So nimmt auch richtig Furtwängler, Vasensammlung I S. 385 an. Unrichtig sind an seiner Beschreibung die Worte 'an der Stelle des Hinterbeinhüftknochens ein punktirter kleiner Kreis'. Dieser Kreis ist vielmehr ein Brandzeichen, das nicht am Hüftknochen, sondern genau an der Stelle sitzt, wo Brandzeichen auch sonst zu sitzen pflegen. Zu vergleichen ist das Pferd auf der epiktetischen Schale bei Hartwig, Meisterschalen S. 109 und Heydemann, Pariser Antiken S. 45 n. 10.
¹⁴) Vgl. Kekule, Rhein. Museum 1884 S. 487 fg. Für das Motiv ist noch zu vergleichen die Münze von Ambrakia, Catalogue of greek coins in the British Museum, Corinth Taf. 29, 11.
¹⁵) Der Kuriosität halber sei auch noch ein bei Daremberg-Saglio S. 897 Fig. 1141 abgebildetes Pferd mit Maulkorb erwähnt, das von einem Relief der Theodosiussäule stammt. Das sackartige Gerät scheint aus Leder gearbeitet zu sein.
¹⁶) Herodot V, 111; Xenophon Anab. III, 218. Oppian Kyneg. I, 228.
¹⁷) Aristophanes Wolken 32; Xenophon Oec. Cap. XI, 18.
¹⁸) Pollux giebt die Stelle I, 202 im Auszuge nach Xenophon mit folgenden Worten wieder: ἣν μὲν γὰρ κεχαλινωμένων ἄγῃ, οὐδὲν αὐτῷ παραινῶ· ἣν δὲ ἀχαλίνωτον, κημοῦν τὸν ἵππον· ὁ γὰρ κημός ἐνδάκνειν μὲν οὐκ ἐᾷ, ἐκπνεῖν δὲ οὐ κωλύει.
¹⁹) Pollux X, 56; Eustathius S. 1157, 35; Hesychius s. v. αὐλωτός.
²⁰) Die Länge des Knebels von der Trense auf Taf. II beträgt 28½ cm, die Breite der Trense zwischen den Zügelhaken 24½ cm; die Länge des halbmondförmigen Knebels auf Taf. III 14 cm, die Breite zwischen den Zügelhaken 19½ cm.
²¹) Abgedruckt bei R. Schönbeck, die Zäumung des Pferdes in Theorie und Praxis S. 73.
²²) Man vergleiche zum Beispiel das bronzene Pferd im Capitolinischen Museum, den Pferdekopf in Florenz (Friederichs-Wolters n. 1699), die Köpfe in Neapel, oder die vier Köpfe der Pferde auf S. Marco in Venedig. Zu letzteren sei bemerkt, dass ihre Aufstellung verkehrt ist. Sie sind nämlich so gruppirt, dass je zwei und zwei die Köpfe zusammenneigen, während eine Betrachtung der Denkmäler ergiebt, dass die beiden äusseren Pferde die Köpfe nach aussen drehen, die beiden inneren die Köpfe einander zuneigen müssen. Dass die Pferde falsch aufgestellt sind, ist übrigens schon von Thiersch (Reisen in Italien) S. 135 beobachtet worden, welcher allerdings eine gleichfalls unmögliche Anordnung vorschlägt.
²³) Z. B. bei dem Pferd seiner Amazone, abgebildet Zeitschrift für bildende Kunst 1896 S. 26.

34

²⁴) Nach Bulletin de correspondance hellénique 1890 S. 385 Fig. 1, Daremberg-Saglio s. v. frenum S. 1330 Fig. 3292. Vgl. de Ridder, Catalogue des bronzes trouvés sur l'acropole d'Athènes S. 185 n. 506. ²⁵) A. L. des Ormeaux veröffentlicht in einem Aufsatz über die Bronzetrense von Möringen, Revue archéologique 1888, 1 S. 59 eine Trense aus der Sammlung des Generals Komaroff, von welcher angegeben wird, dass sie in einem Grabe von Gori im Kaukasus gefunden sei. Die Trense ist der von der Akropolis so nahe verwandt bis in kleinste Einzelheiten — nur die Knebel sind etwas kürzer und an den Enden weniger fein gestaltet — dass man sie am liebsten für eine archaisch griechische halten möchte, die auf irgend eine Weise nach dem Kaukasus verschlagen wäre. Aber vielleicht ist die Fundnotiz nicht ganz unbedenklich.

²⁶) Die Stelle giebt Pollux I 207 im Auszug so wieder: παραφυλακτέον δὲ ὅτι τοὺς τραχεῖς χαλινοὺς οὐκ ἐῶσιν οἱ ἵπποι κατὰ χώραν, ἀλλὰ μεταβάλλουσιν ἐλπίδι τοῦ πρὸς τὸ ῥᾷον μεταστήσειν. διὰ τοῦτο τοῖς θυμοειδέσιν οὐκ ἐμβλητέον σκληροὺς χαλινούς (ἀναλαμβάνουσι γὰρ αὐτοὺς εἰς τὸ στόμα ὥσπερ ὀβελίσκους εὐπαγεῖς ὄντας) ἀλλὰ ὑγρούς, ἵνα οὐ ἂν ὁ ἵππος προσάπτηται, τὸ λοιπὸν κάμπτηται ὥσπερ ἅλυσις. εἰσὶ δὲ σκληροὶ χαλινοὶ οἱ ἔχοντες τροχοὺς ταπεινοὺς καὶ ἐχίνους ὀξεῖς· ἔστι δὲ καὶ τούτους ἐμπραΰνειν κατειλοῦντα καὶ κατακηροῦντα κτλ.

²⁷) So übersetzt, wie ich glaube richtig, Jacobs ‛Xenophons Buch über die Reitkunst übersetzt und mit Anmerkungen versehen' S. 63. Die Stelle ist viel erörtert worden, namentlich in Zusammenhang mit der Polluxstelle I 207, welcher κατειλοῦντα καὶ κατακηροῦντα giebt. Es ist wahrscheinlich, dass Pollux falsch verstanden hat, wie er denn überhaupt vom Reiten ziemlich wenig wusste.

²⁸) Allerdings erfahren wir nicht, ob die uns erhaltenen Trensen ‛weiche' oder ‛harte' im Sinne der Alten sind. Es gab nämlich im Altertum noch härtere τροχοί, welche ausgezackt waren, τροχοὶ πριονωτοί, wie sie Pollux nach Aristophanes nennt X 56 καὶ σπάθην μὲν καὶ χιλιωτῆρα καὶ στόμια καὶ ὑποστόμια καὶ στομίδας καὶ ἐχίνους καὶ τροχοὺς καὶ δακτυλίους καὶ σκληροὺς καὶ μαλακοὺς χαλινοὺς ἔχεις ἐν τοῖς ἱππικοῖς, στόμια δὲ πριονωτὰ ἐν ' Ἀναγύρῳ ἔφη 'Ἀριστοφάνης. Zu vergleichen ist damit die Stelle bei Pollux I, 184 τοῦ δὲ χαλινοῦ τὰ σιδήρια ὑποστόμια, καὶ τῶν ὑποστομίων τὰ μὲν κοῖλα ἐχίνοι, τὰ δὲ περιφερῆ καὶ πριονωτὰ τροχοί, τὰ δὲ στερεὰ καὶ προμήκη καὶ ἀλλήλοις ἀντεμπλεκόμενα ἐν ἀλύσεως εἴδει δακτύλιοι καὶ δάκτυλοι. Pollux spricht I. 148 noch von einem weiteren Teil des Pferdegebisses, den τρίβολοι, die wir an den neugefundenen Trensen nicht erkennen können τὸ δ' εἰς τὸ στόμα ἐμβαλλόμενον χαλινός, οὗ τὸ μὲν μέσον ἡνίον, τὰ δὲ περὶ αὐτὸ δακτύλιοι ἐχίνοι, τρίβολοι οὓς μασᾶται ὁ ἵππος. Vgl. Hesychius s. v. τρίβολοι· ἀκανθῆς εἶδος· ὅθεν καὶ τὸ τοῖς ἵπποις ἐν τοῖς χαλινοῖς ἐντιθέμενον. Dass mit den τρίβολοι die vierzackigen Ringe (Anm. 30) gemeint sind, wie Stephani, Compte-rendu 1876 S. 125 wollte, hat G. Lafaye in seinem vorzüglichen Artikel ‛frenum' bei Daremberg-Saglio zurückgewiesen.

²⁹) Archäol. Zeitung 1880 S. 179, 14.

³⁰) Dass die Seitenknebel eine besondere Bezeichnung im Altertum überhaupt nicht gehabt haben, wie Körte in der archäologischen Zeitung 1880 S. 179, 14 annimmt, ist schwerlich zu glauben, aber richtig ist es, wenn er den von Stephani Compte-rendu 1865 S. 186—190 zweifelnd vorgeschlagenen Namen ψάλιον ablehnt; die antike Ueberlieferung lässt sich damit nicht vereinigen. Allerdings auch damit nicht, dass ψάλιον einen mit Eisen gefütterten Nasenriemen bedeute, wie Körte meint. Schließen, Die Pferde des Altertums S. 145 schlug vor, die Knebel λύκοι — ein technischer Ausdruck für einen Teil des Pferdegeschirrs — zu nennen, weil sie eine krumme hakenförmige Gestalt hätten und man unter λύκος auch einen Haken oder eine

Wolfsangel verstände. Aber die Form der Knebel ist dieser Annahme ungünstig, wie Körte richtig hervorhebt. Er möchte unter den λύκοι die an Gebissen aus der Krim häufig vorkommenden vierzackigen Ringe verstehen, die ausserhalb des Maules liegen und von Stephani τρίβολοι oder ἐχῖνοι genannt waren. (Vgl. S. 25 dieses Programms.) Demgegenüber ist einzuwenden, dass sich an den Gebissen aus Griechenland diese Ringe bisher nicht gefunden haben.

Die Ausdrücke für die einzelnen Teile der Trense und auch für die ganze Trense sind eben sehr schwankend, genau so wie wir es bei dem Maulkorb gefunden haben. Xenophon gebraucht zum Beispiel χαλινός ebenso im weitesten Sinne für Zaumzeug als speciell für die Trense, wofür er sonst στόμιον setzt. Ebenso wird ψάλιον bald für das ganze Zaumzeug gebraucht, bald als τὸ περὶ τὸ γένειον διειρόμενον Pollux I, 148), bald τὰ ψάλια als κρίκοι, δακτύλιοι erklärt.

[31]) Vgl. auch Compte-rendu 1861 Taf. V.

[32]) Solche Verzierung, wie hier, trägt auch das Pferd auf der schwarzfigurigen Hydria im Brittischen Museum E 240, von dem mir eine Zeichnung durch C. Smiths Freundlichkeit vorliegt. Im Katalog ist der Gegenstand fragweise als 'φορβεία or ψῖμος' erklärt. Mehr dreieckig gestaltet ist die Verzierung bei der schwarzfigurigen Hydria im Oesterreichischen Museum, Massner n. 222 und bei der Amphora Zannoni, Certosa di Bologna Taf. IX, X.

[33]) Vgl. Compte-rendu 1876 und 1877 an verschiedenen Stellen.

[34]) Vgl. oben Anmerkung 30.

[35]) Wie mir Herr R. von Kieseritzky zugleich mit anderen Notizen über die südrussischen Funde freundlichst mitteilte.

[36]) Leider ist das Buch, was den Text anbelangt, für das Altertum sehr ungenügend, wie schon der Abschnitt XII über die klassisch-römischen Hebelstangengebisse beweist; die Datirung der einzelnen Trensen beruht zumeist auf vorgefassten Meinungen. Sehr angenehm aber sind die vielen Abbildungen von Pferdeköpfen mit angelegter Trense, welche dem Nichtreiter das Verständniss ungemein erleichtern.

[37]) Schumacher, Beschreibung der Sammlung antiker Bronzen in Karlsruhe n. 780—785. Taf. XVI, XXII. Zu dieser Serie gehört stilistisch das Stück in Neapel bei Fiorelli, armi antiche n. 50. 51 aus Ruvo (wie ich dem Katalog von Schumacher entnehme), sowie ein Stirnschild des Berliner Antiquariums Friederichs, Geräte und Bronzen n. 2466c (n. 2466b ist modern). Die Reihe wird sich gewiss noch ergänzen lassen. Ein jüngeres Stück aus Süditalien (Canosa) findet sich abgebildet bei Millin, Description des tombes de Canosa Taf. II, 7 und bis in die kleinsten Einzelheiten stimmt mit diesem ein Stirnschild aus Pompei bei Ceci, Piccoli bronzi del real museo Borbonico Taf. VII, 51. Vgl. den Artikel 'Frontale' bei Daremberg-Saglio S. 1342—1343 von G. Lafaye.

[38]) Compte-rendu 1876 S. 133. 135.

[39]) Recueil d'antiquités de la Scythie Taf. XIV. Vgl. Compte-rendu 1865 S. 167.

[40]) Compte-rendu 1865 Taf. V S. 164 fg.

[41]) Ebenso könnte man als besonders ähnlich die zierlichen Pferdeköpfchen aus Tanagra anführen, welche mit den dazu gehörigen Figuren von Curtius Zwei Giebelgruppen aus Tanagra' Abhandlungen der Berliner Akademie 1878 S. 127 fg. Taf. I—III veröffentlicht sind. Wieder das kleine Stirnschild, das bald höher bald tiefer auf der Nase sitzt und dazu die runden Scheiben oder Rosetten. Genau so ist auch der Pferdekopf von der Porta Flaminia aufgezäumt, welcher im Bullettino comunale 1881 Taf. VIII, IX abgebildet ist. Einen Stirnschild trägt auch das Pferd des M. Aurelius auf dem Capitol.

JAHRESBERICHT.

Nachdem die Gesellschaft einige Jahre hindurch unter ihren Mitgliedern keinen Todesfall zu beklagen gehabt, ist sie im abgelaufenen Jahre besonders schwer betroffen worden durch den Verlust zweier langjähriger und hochverdienter Mitglieder, des Hanseatischen Minister-Residenten, Herrn Dr. Krüger Exc. († 17. Januar), und des letzten ihrer Mitbegründer, der über ein Vierteljahrhundert zugleich ihr Erster Vorsitzender war, des Wirklichen Geheimen Rates, Herrn Dr. Ernst Curtius Exc. († 11. Juli). Verzogen sind die Herren Dr. Back, Professor Dr. Koepp, Dr. A. Koerte, Dr. Lucas, Dr. Münzer und Professor Dr. Puchstein. Eingetreten sind als ordentliche Mitglieder die Herren Regierungs-Bauführer Heyne, Oberst Rathgen, Senatspräsident Wirklicher Geheimer Ober-Regierungsrat Rommel, Dr. Sarre, Dr. H. Schöne, Fabrikbesitzer Sommerfeld, Kaiserlicher Regierungsrat Prof. Dr. Weinstein; als ausserordentliche die Herren Dr. Poppelreuter und Dr. Samter. Somit besteht die Gesellschaft aus folgenden 102 ordentlichen Mitgliedern: Adler, Ascherson, Assmann, Bardt, Belger, Bertram, Bode, Borrmann, Broicher, Brückner, Büchsenschütz, Büreklein, Bürmann, von Bunsen, Conze (Schriftführer), Corssen, Dahm, Diels, Dobbert, Ende, Engelmann, Erman, Frey, Fritsch, Fuhr, Genz, Goldschmidt, B. Graef, P. Graef, Grimm, Gurlitt, Hagemann, Hauck, Hepke, Herrlich, Hertz, Heyne, Freiherr Hiller von Gärtringen, Hirsch, Hirschfeld, Holländer, Hübner, Humbert Exc., Imelmann, Immerwahr, Jacobsthal, Jessen, Joseph, Kalkmann, von Kaufmann, Kaupert, Kekule von Stradonitz, Kern, Kirchhoff, Kirchner, Köhler, Kretschmer, Kübler, Küppers, Freiherr von Landau, Lehfeldt, Lehmann, Lessing, von Luschan, Meitzen, Meyer, Mommsen, E. Müller, N. Müller, Nausester, Nothnagel, Oder, Oehler, Pernice, Pomtow, von Radowitz Exc., Rathgen, E. Richter, O. Richter, Rommel, Rose, M. Rubensohn, Sarre, Schauenburg, H. Schöne, R. Schöne (II. Vorsitzender), Schröder, Senator, Sommerfeld, Stengel, von Stephan Exc., Trendelenburg (Archivar und Schatzmeister), Vahlen, Freiherr von Wangenheim, Wattenbach, Weil, Weinstein, Wellmann, Wendland, Wilmanns, Winter, von Wittgenstein. Ausserordentliche Mitglieder waren die Herren: Jacobs, Poppelreuter, O. Rubensohn, Samter, Schmidt.